Soji

Primera edición: febrero de 2022
Título original: こころを磨く *SOJI* の習慣
KOKORO WO MIGAKU SOJI NO SHUUKAN

Copyright © 2019 by Shoukei Matsumoto
Illustrations by Kikue Tamura
Original Japanese edition published by Discover 21, Inc., Tokyo, Japan
Spanish edition published by arrangement with Discover 21, Inc.

Discover

© de la traducción, Makoto Morinaga, 2022
© de esta edición, Futurbox Project, S. L., 2022
Todos los derechos reservados.

Diseño de cubierta: Taller de los Libros
Ilustraciones de Kikue Tamura
Corrección: Gemma Benavent

Publicado por Kitsune Books
C/ Aragó, n.º 287, 2.º 1.ª
08009, Barcelona
info@kitsunebooks.org
www.kitsunebooks.org

ISBN: 978-84-18524-24-0
THEMA: VS
Depósito Legal: B 1894-2022
Preimpresión: Taller de los Libros
Impresión y encuadernación: Liberdúplex
Impreso en España – *Printed in Spain*

Shoukei Matsumoto

Soji

El método budista para limpiar el espíritu y crear espacio en tu corazón

Traducción de
Makoto Morinaga

Kitsune
Books

Índice

INTRODUCCIÓN

Los días en el templo comienzan con la limpieza

Frus, frus. El sonido de las escobas de bambú resuena con cada pasada entre los edificios de Kamiyacho, en Tokio. En primavera, barremos con cuidado las flores caídas de los ciruelos y cerezos; en verano, no damos tregua a los enjambres de mosquitos; en otoño, no nos rendimos ante la masa de hojas caídas; y en invierno, nos movemos rápido para lidiar con el frío viento del norte.

Puedes hacerlo solo, para abstraerte, o acompañado. Es fácil y entretenido para todos a la par que una práctica profunda. En eso consiste el *soji*.

Es muy sencillo: de arriba abajo, sin ir contra la corriente; apreciando cada instante.

No necesitas conocimientos previos. Uno de los discípulos de Buda, Śuddhipanthaka, alcanzó la iluminación mientras barría con una escoba y rezaba «barre el polvo, limpia la suciedad».

Tradicionalmente, en el mundo de los templos budistas utilizamos el término *samu* para referirnos al conjunto de tareas necesarias para mantener el lugar de trabajo ordenado y austero, como limpiar, cortar la leña o arrancar los hierbajos, entre otras. El *samue,* la prenda habitual en los *ryokan,* u hoteles tradicionales japoneses, estaba pensada en origen para facilitar la movilidad de los monjes durante la realización de sus tareas. La limpieza es una parte fundamental del *zazen,* * el *nembutsu*[†] y otras muchas variantes del budismo japonés.

---

* Práctica budista que consiste en sentarse a meditar en la postura del loto tal y como lo habría hecho el Buda histórico en el momento de su iluminación. *(Todas las notas son de la traductora).*
† Práctica budista, en especial de la escuela de la Tierra Pura, consistente en la repetición del nombre de Amitabha (el Buda celestial).

La vida es una práctica diaria. Si eres descuidado, tu espíritu y tu mente estarán sucios, pero, si eres pulcro, tu espíritu y tu mente estarán limpios. Al mantener tu entorno aseado a diario, tu mente también lo estará. Por ello, no es de extrañar que la limpieza forme parte de la terapia para tratar la depresión y otros trastornos mentales.

Mañanas en el templo: la conexión entre la gente y el templo a través de la limpieza

En el templo de Komyo, en Kamiyacho, dirijo una actividad llamada *Mañanas en el templo,* que, en pocas palabras, consiste en una sesión de limpieza del templo matutina. Mi anterior libro, *Manual de limpieza de un monje budista,* se publicó en 2011 en Japón y se ha traducido a muchos otros idiomas. Gracias a este éxito, me comprometí todavía más con el concepto de la limpieza, y en 2017 creé un grupo dedicado a la limpieza matutina del templo.

Las sesiones de *Mañanas en el templo* se celebran cada quince días, de siete y media a ocho y media de la mañana. Comenzamos con una lectura de sutras de quince minutos, seguida de la limpieza del recinto durante otros veinte más. A grandes rasgos, hay tres tareas principales en las que trabajamos en conjunto: barrer las hojas del suelo, quitar el polvo de las mesas y las sillas de la terraza, y limpiar las tumbas de flores marchitas. Hay quienes dicen que es muy purificador barrer las hojas o limpiar las flores con la escoba de bambú, porque no es algo que puedan hacer en casa.

Después de limpiar, nos sentamos en círculo y tomamos una taza de té mientras hablamos de cómo estamos, de lo que hemos hecho los días anteriores, de lo que pensamos, de lo que nos preocupa… En cada sesión suelen participar entre diez y veinte personas.

Las *Mañanas en el templo* atraen a personas de todas las edades, géneros y procedencias, desde estudiantes universitarios a oficinistas, amas de casa y personas que trabajan por cuenta propia. El propósito común de limpiar hace que sea accesible para todos a la vez que convierte la práctica en un tema de interés para la comunidad.

La limpieza puede proporcionar a cualquiera la clave para dar un giro a su vida y, además, permite que quienes participan en la limpieza del templo se sientan como en casa. Cada cual pone la distancia que desee entre él y el resto de los participantes. Si les gusta conversar, pueden hacerlo mientras limpian o si, por el contrario, no les gusta hablar, pueden hacerlo en silencio. En ambos casos, es una forma sencilla de pasar tiempo juntos.

Por suerte, este tipo de actividades están cada vez más extendidas en Japón y se pueden encontrar en muchos templos con independencia de la rama religiosa o de la región en la que se encuentre. En muchos templos se limpia a diario. Las *Mañanas en el templo* consisten en eso, en pasar la mañana en el templo. No hay santuario en el que no amanezca, aunque el día llegue de forma diferente a cada uno.

Para un monje, levantarse temprano para leer los sutras, limpiar el templo y beber té pueden ser hábitos rutinarios, pero son actividades reconfortantes. Además, realizar estas tareas a solas permite a los monjes dedicarse un valioso tiempo a sí mismos.

En Japón existen más de setenta mil templos. Podría decirse que estos son los *dojo** en los que construimos nuestras costumbres. En cada jornada, una persona nueva creará un gran círculo de amistades con las que se esforzará por crear buenos hábitos a través de la limpieza. Por este motivo, considero que la limpieza tiene un gran potencial a la hora de fomentar buenos hábitos en la vida de las personas.

Las diferentes «limpiezas»

Al no pertenecer a un templo en concreto, aprovecho mi posición relativamente privilegiada para viajar y visitar santuarios de todo Japón, hablar con la gente y aconse-

---

* Los *dojo* son los gimnasios en los que se practican y enseñan artes marciales o meditación.

jarles. En la Edad Media, los monjes *hijiri* peregrinaban por el país de templo en templo; hoy en día, además de andando, también se viaja en tren y en avión. Yo siempre lo hago usando el *samue,* sin importar el medio de transporte que utilice.

Si te topas conmigo en alguno de mis viajes, sea donde sea, no dudes en saludarme. El placer de viajar está en los encuentros irrepetibles.

Lo que percibo durante mis viajes por Japón, y en ocasiones por el extranjero, es lo rápido que se está transformando el mundo. Las innovaciones tecnológicas y los cambios sociales han hecho nuestras vidas cada vez más cómodas a costa de nuestra libertad y de nuestro bienestar físico y mental. A pesar de que siempre estamos ocupados, si eres capaz de dedicar tiempo a la limpieza, aunque solo sea durante cinco minutos al día, notarás la diferencia.

El budismo nos enseña a vivir libremente y sin restricciones. Escribí el ya mencionado libro *Manual de limpieza de un monje budista* porque soy un monje que entiende la rutina como la senda del budismo y quería compartir con el mundo cómo hacer de la limpieza una práctica diaria que desempeñar sin dificultad en nuestra vida.

En ese manual, hablaba en profundidad de la limpieza como parte de las tareas de los monjes y, de forma inesperada, ya se ha traducido a más de quince idiomas y lo ha leído mucha gente en todo el mundo.

Después de esto, me di cuenta de que la palabra «limpieza» se había traducido por su correspondiente en cada idioma, y lo cierto es que la palabra japonesa significa eso, «limpieza», pero el término japonés *soji* tiene un significado más profundo.

Lo que me hizo percatarme de ello fue una pregunta que me hizo un periodista británico: «En Reino Unido mucha gente contrata un servicio de limpieza para que realice esa tarea, ¿deberían dejar de hacerlo?».

Esta fue mi respuesta: «La limpieza es una disciplina. No es solo un trabajo. ¿Pagarías a alguien para que realizara el *zazen* o meditara por ti?». Por supuesto que no.

Desde entonces, ya no empleo el término «limpieza» en su idioma correspondiente cuando estoy en el extranjero, sino que utilizo la palabra japonesa *soji*.

Soji: traspasando fronteras

Soji no se refiere a la tarea doméstica que deseamos evitar, sino a una práctica espiritual con la que perfeccionarnos.

Espero lograr que gente de todo el mundo haga del *soji* un hábito que practicar en sus casas. Cada vez hay más personas interesadas en crear hábitos relacionados con el orden y la limpieza. Marie Kondo es una famosa gurú del orden afincada en Estados Unidos y cuyo trabajo ha atraído la atención de todo el mundo.

Hace unos días, mientras terminaba la sesión de limpieza matutina en el templo, una persona china que estaba de viaje por Japón llegó al templo con un ejemplar de mi libro traducido a su idioma. Me contó que en China animaban a la población a aprender sobre modales y moralidad, y, gracias a eso, cada vez había más gente que mostraba interés en aprender más sobre el *soji* japonés. Aquel encuentro me sirvió para ver que había personas que se tomaban muy en serio la idea de mantener sus hogares y negocios limpios.

También conocí a un compañero chileno, Nicolás, que había visitado Reino Unido en un viaje de formación para el Foro Económico Mundial y estaba muy interesado en el budismo. Hablamos sobre la religión, y le comenté que los monjes pasamos más tiempo limpiando los templos que meditando y, de repente, dijo en japonés: «¡*O-soji!*».* Al parecer, en los últimos años ha aumentado el número de empresas chilenas dedicadas a la fabricación de robots de limpieza, y Nicolás colabora-

---

* Los prefijos *o-* o *go-* se colocan delante de algunos sustantivo o verbos en japonés cuando se quiere mostrar respeto o cortesía a dicha palabra.

ba con una llamada Osoji.com. Esta compañía tiene un bonito logotipo de un panda con la palabra *O-soji*. No podía creer que el *soji* japonés hubiera llegado hasta el otro lado del mundo.

En los últimos años, el *mindfulness* ha ganado popularidad a nivel mundial. Podríamos definirlo como la capacidad de ser deliberadamente consciente de la propia experiencia en el momento presente y observarla sin evaluarla en un estado de desapego. Dicha tendencia también ha llegado a Japón. Los empresarios de las grandes ciudades han desarrollado un creciente interés por este tipo de meditación y la corriente de pensamiento que ha llegado desde Occidente, desprovista de cualquier implicación religiosa. Independientemente del motivo, es bueno saber que cada vez más personas se sienten atraídas por el budismo.

Sin embargo, te resultará difícil incorporar la meditación en tu rutina si nunca tienes tiempo para hacerlo. Existen muchas maneras de adentrarse en el budismo, pero una de las más sencillas es a través de la limpieza.

Sería sumamente beneficioso para nosotros si lográramos convertir la tarea rutinaria de limpiar en un hábito de *mindfulness*.

Cualquiera, sin importar la nacionalidad, la cultura, el género, el estatus social, la edad, las capacidades, las habilidades, la religión o el dinero puede practicar el *soji*.

El *mindfulness* en la era de la posreligión

La palabra japonesa para religión, *shukyo,* se acuñó en la Era Meiji (1868-1912) para poder traducir el término occidental «religión». Etimológicamente, esta palabra significaba «atar, entrelazar con fuerza», aunque, también es cierto que no se puede hablar de religión sin referirnos a un pueblo o una sociedad con individuos unidos por fuertes vínculos, que están sujetos a un pacto con Dios.

Según el momento y el lugar, la religión ha servido como apoyo a la humanidad en tiempos de penurias. Nos ha unido y nos ha inspirado. En particular, son las religiones monoteístas, como el judaísmo, el cristianismo y el islam, las que poseen estas características tan notorias.

En cambio, en Japón no existe el concepto de «religión» en el sentido occidental de la palabra.

Hasta la llegada de la Era Meiji (1868-1912), «budismo» se definía con términos como «camino de los budas» o «ley budista». Incluso en las épocas en las que el budismo ostentó un gran poder y autoridad, no se consideró como una religión diseñada para unir a la gente.

No obstante, a partir de la Era Meiji, Japón se vio obligado a competir con los países occidentales, y el budismo no fue una excepción. Fue entonces cuando se fijó la denominación del budismo con los sinogramas correspondientes que lo identificaban como una religión más.*

Hoy en día, el interés de Occidente por el budismo está incrementando debido a que no se lo considera una religión como tal, sino más bien una corriente intelectual, una práctica y una filosofía. En particular, se valoran mucho las prácticas físicas, pues no se limitan a ser un conjunto de ideas, sino que también trabajan el cuerpo.

En la actualidad, el interés de los curiosos parece centrarse en el *zazen,* o meditación en posición de loto, pero para los budistas, su doctrina está integrada en todos los aspectos de la vida, y en un futuro no muy lejano ese interés se extenderá hasta el campo de la limpieza.

Cada vez que viajo, veo que mucha gente pretende alejarse de la religión entendida como una unión o un vínculo hacia ella, sin importar el país en el que me encuentre o la fe a la que me refiera. Claro está que hay países en los que la población es más religiosa que en otros, pero eso tampoco significa que el resto del mundo deba alejarse más de la religión. Sin embargo, me he percata-

---

* El autor se refiere a que, de los sinogramas que se eligieron finalmente para conformar la palabra «budismo», el primero hace referencia a Buda y el segundo, a «dogma, doctrina», siendo este último común con el de las religiones monoteístas cristianismo, judaísmo e islam.

do de que esta tendencia se da sobre todo en las grandes metrópolis internacionales, en las sociedades más urbanizadas y, en especial, entre los más jóvenes.

Lo más interesante de este fenómeno es que, en paralelo a esta tendencia, muchas personas realizan prácticas más espirituales. Muchos jóvenes con los que hablo en mis viajes me dicen que no son religiosos porque prefieren cultivar su mente y espíritu.

A este fenómeno lo he denominado «posreligión», y de verdad creo que esta forma de alejarse de la religión

como un vínculo para centrarse en el desarrollo de la mente y el espíritu solo puede ir en aumento.

La práctica del *soji* tiene el potencial necesario para trascender cualquier barrera religiosa. Todas las religiones cuentan con lugares sagrados y valoran la purificación y la limpieza de dichos lugares.

El diálogo interreligioso es fundamental para que haya paz, y, aunque lo tenemos asimilado, si nuestras doctrinas y códigos de conducta son radicalmente diferentes, una simple conversación podría convertirse en una discusión por demostrar que nuestra propia religión es mejor que las demás. La comunicación verbal tiene sus límites.

El *soji* supera las limitaciones del lenguaje y trasciende las diferencias religiosas. Soy de los que creen que, si practicantes de diferentes credos limpiaran juntos los lugares sagrados de otras creencias, el mundo sería un lugar más pacífico.

Soji para enriquecer la mente y cambiar el mundo

Las enseñanzas del budismo se dividen en tres categorías básicas:

- Los **preceptos** por los que se rige nuestra vida y con los que podemos desarrollar buenos hábitos.

- El *samadhi*, para controlar tu mente y mantener la serenidad.
- La **sabiduría**, que en última instancia se corresponde con la iluminación. Es la visión correcta de uno mismo y del mundo.

Si comparáramos estas categorías con un árbol, los preceptos serían las raíces; la concentración, el tronco; y la sabiduría los frutos. En origen, el término en pali para precepto era *sila*, que significa «hábito, carácter». Comprendemos el término «precepto» como una norma que debemos obedecer, pero, en esencia, es una norma que debemos seguir por voluntad propia.

Al desarrollar unos buenos hábitos, cambiarás tu carácter. Pero ¿qué es un buen hábito? Dado que el budismo se centra en el sufrimiento, los buenos hábitos son aquellos que nos ayudarán a vivir una vida más plena, con menos sufrimiento para nosotros y para los demás. Los hábitos físicos, la forma de hablar y de pensar interactúan y se influyen mutuamente.

La limpieza es la base de todo buen hábito y no es una tarea complicada. Solo se trata de eso: de limpiar. No necesitas de ninguna habilidad especial o conocimiento previo para empezar.

Incluso en la fase de preparación, la limpieza fomenta la creación de buenos hábitos. El primer paso es reducir la cantidad de cosas que posees. No tengas demasiadas cosas, y, si es así, guarda aquellas que desees poseer. De esta manera, no habrá nada de lo que quieras deshacerte.

Trata tus cosas bien. Préstales atención, capta su esencia y lograrás colocar cada objeto en el lugar que le corresponde. Esto te ayudará a poner tu mente en orden.

Deshazte de la suciedad. Un espacio sin polvo te permitirá liberar la mente. El polvo se acumula con facilidad, por lo que es importante no cejar en nuestro empeño por limpiar y mantener nuestra mente despejada de las nubes que oscurecen el espíritu.

La limpieza nos enseña lo que es realmente importante en nuestra vida:

- el poder de los hábitos;
- ver las cosas tal como son;
- no establecer objetivos;
- evitar empeñarse en encontrar respuestas;
- evitar los juicios de valores para determinar si algo es bueno o malo;
- saber cuándo es suficiente:
- dejar de sentirse superior o inferior a los demás;
- aceptar lo inesperado;
- no depender de nadie ni de nada;
- sentirse en armonía con lo que te rodea;

- aprender que nada es lo que parece;
- cultivar una mente que no se nuble por los elogios;
- establecer relaciones sanas con los demás;
- librarse del egocentrismo.

Estos son algunos de los comentarios de personas que han participado en las sesiones de limpieza *soji:*

«Es muy revitalizante».

«Aprovecho ese tiempo para buscarme a mí mismo».

«Es como si meditara».

«Me gusta hacer deporte en cuanto me levanto».

«Limpiar las tumbas hace que recuerde a mis antepasados».

«Es divertido conocer y hablar con otros compañeros de limpieza».

«Soy más consciente del paso del tiempo».

«Me siento más unido al lugar que limpio y me aporta un sentimiento de pertenencia».

«Participar de vez en cuando en estas sesiones es un buen hábito que me ayuda a mantener mi vida en orden».

«Me relaja mucho».

La limpieza es una parte fundamental de las tareas que se realizan en el templo; de hecho, en mucho de ellos, es a la que más tiempo se dedica.

En este libro te mostraré cómo los monjes de los templos budistas nos transformamos a través del *soji,* y también la relación entre la limpieza y el crecimiento personal, una conexión que descubrí tras conversar con grandes maestros budistas.

En este libro, te enseñaré cómo la limpieza nos ayudará a mejorar nuestra vida y el planeta en que vivimos.

No tiene nada de especial, pero es bien sabido que las cosas importantes de verdad no tienen nada de especial.

Espero que este libro te ayude a hacer de la limpieza un hábito agradable y valioso.

Capítulo 1

¿POR QUÉ LIMPIAR?

La limpieza es disciplina

No pidas a otros que limpien por ti

La limpieza es disciplina. Al igual que no puedes pedirle a otra persona que realice el *zazen* por ti, debes ser tú quien se haga cargo de la limpieza.

El hecho de que los japoneses comprendan la limpieza como una disciplina puede deberse a que crecemos con una idea estética de la limpieza. Sin embargo, los extranjeros suelen sorprenderse, por lo que debo explicarles que, cuando estamos en el templo, los monjes dedicamos más tiempo a la limpieza que al *zazen* y que todo en nuestra vida forma parte de la práctica budista.

Por supuesto que puedes pedir a otra persona que se encargue de limpiar en tu lugar si ves la tarea como un trabajo. En ocasiones, necesitamos que nos echen una mano para poner orden a nuestro alrededor, sobre todo cuando estamos ocupados con el trabajo o con la crianza de los hijos. No te sientas culpable de no poder encargarte de la limpieza. Si, a pesar de no tener tiempo, te fuerzas a limpiar, te estarás mortificando para nada. Esto hará que veas la limpieza como algo negativo y no lograrás convertirla en una disciplina.

En el momento en que comiences a disfrutar de la limpieza, convertirás la tarea en un hábito perdurable.

Convierte tu vida en una práctica

Existen diferentes tipos de prácticas budistas dependiendo de la rama de la que provengan. Si eres seguidor del budismo zen, meditarás en la posición del loto, o *zazen,* y si perteneces a la escuela de la Tierra Pura, practicarás el *nembutsu.* Invocar el nombre de Buda (o *nembutsu)* es una forma sencilla de aprender, pero no introduce ningún hábito nuevo en nuestra vida. En este sentido, la limpieza ya forma parte de nuestra vida, por lo que no hay tarea mejor que esta para convertirla en una práctica budista.

Aun contratando a un profesional de la limpieza, este no tiene por qué encargarse de todas las labores. Cualquier tarea, por pequeña que sea, ya sea arreglar el escritorio o lavar los platos, resulta útil para hacer de la limpieza una disciplina.

La limpieza es un símbolo de la práctica aplicada a la vida cotidiana. De hecho, podemos hacer de toda nuestra vida una disciplina. Sea lo que sea lo que hagas, puedes transformarlo en una. La mejor manera de que entiendas a qué me refiero es que lo experimentes a través de un acto tan cotidiano como la limpieza.

Pero ¿cómo podemos convertir la limpieza en una disciplina? No basta con ponerse un *samue*. Es importante tener la actitud adecuada. Como he mencionado anteriormente, no le pidas a otra persona que limpie por ti; es una oportunidad de enfrentarte a ti mismo.

Para que la limpieza sea más una práctica de autoconocimiento que una simple tarea, lo más sencillo y básico es ser lento, cuidadoso y consciente de cada detalle.

Buena parte de las acciones que llevamos a cabo en nuestro día a día son instintivas; por ejemplo, al caminar, no pensamos en cómo mover cada pie. Si te acostumbras a limpiar habitualmente, tampoco pensarás en cada uno de los movimientos que realizas. Por tanto, se podría decir que limpiamos según los hábitos que hemos adquirido a lo largo de nuestra vida.

Para conocernos a nosotros mismos debemos empezar por ser conscientes de nuestros hábitos. Cómo nos comportamos, cómo nos comunicamos, cómo pensamos... El resultado de la disciplina dependerá de que seamos conscientes de todo ello.

Sin embargo, por mucho que te repitas que la limpieza es una disciplina, no te resultará sencillo verla de

ese modo. Entonces, ¿qué puedes hacer para ver la limpieza como una práctica en lugar de como una tarea?
Por ejemplo, podrías encender incienso, cerrar los ojos
durante cinco minutos y hacer respiraciones profundas
o recitar sutras entre otros. Para estos casos, ponerte un
samue, o cualquier otra prenda cómoda, es una buena
forma de empezar.

Ichiro Suzuki, jugador de béisbol, realizaba siempre
la misma rutina de movimientos cada vez que le tocaba
batear. Trata de establecer un ritual con el que relajarte
antes de empezar a limpiar.

No te preocupes si no te concentras al principio. Seguro que alguna vez has empezado a limpiar por obligación y te ha acabado gustando a medida que limpiabas. Es una sensación que surge cuando nos concentramos y nos dejamos llevar.

Es posible que algunos días no puedas mantener la concentración hasta el final. No pasa nada. Acepta que no has sido capaz de concentrarte y no te desanimes. Las personas cambiamos cada día. Uno de los efectos positivos que te aportará la limpieza será el de apreciar tus cambios a diario.

Soji: traspasando fronteras

1. Más allá del género

Las sesiones de limpieza matutina en el templo atraen a gente de todas las edades, géneros y profesiones.

Las estadísticas nos dicen que en muchos países todavía prevalece la idea de que las mujeres son las que deben encargarse de las tareas del hogar, pero el interés por esta práctica no distingue de géneros, y tampoco lo hace el budismo.

2. Más allá del estatus social

Es interesante cómo se concibe el concepto de la limpieza alrededor del mundo. En Japón, es habitual que los empleados de una empresa se encarguen de limpiar, incluso pueden llegar a contar con la ayuda del jefe. De hecho, muchas empresas están teniendo éxito con esta rutina. El ejemplo más conocido es el de Hidesaburo Kagiyama, el fundador de Yellow Hat.

En Japón, es habitual que los profesores y alumnos se encarguen de la limpieza de las aulas, pero en mucho otros países se contrata a empresas especializadas. Este es el motivo por el que el modelo educativo japonés ha captado la atención de todo el mundo, pues los alumnos aprenden a realizar tareas básicas como limpiar y cocinar.

3. Más allá de la riqueza

Vivimos en una sociedad en la que todo cuesta dinero, pero limpiar puede ser gratuito, al menos hasta donde yo sé.

No es necesario ahorrar mucho para comprar las herramientas necesarias. De hecho, tan solo te harán falta una escoba y un trapo. Incluso puedes fabricarte los tuyos propios si cuentas con los materiales adecuados.

4. Más allá de la edad

Algunas prácticas budistas son exigentes física y mentalmente, lo que no las hace adecuadas para niños o personas mayores, pero cada uno puede adaptar la tarea de limpiar a su edad o fuerza física. Cualquiera puede limpiar sin importar la edad.

5. Más allá de la habilidad o la técnica

La limpieza profesional sí requiere de conocimientos y habilidades especiales, como el manejo de los equipos o el uso de los productos, pero la limpieza como disciplina es un momento de autorreflexión, que puedes realizar como quieras. En los monasterios donde los monjes se forman profesionalmente, los más veteranos dan estrictas instrucciones sobre cómo llevar a cabo la limpieza del templo a los nuevos integrantes. Sin embargo, no se puede juzgar si la limpieza como disciplina se hace bien o mal. Aunque, si nunca has barrido o utilizado un paño, tendrás que practicar un poco antes, pero pronto te acostumbrarás y lo disfrutarás.

6. No importa el lugar

La imagen mental que mucha gente se forma al pensar en las prácticas budistas es la de un monje meditando bajo una cascada, pero eso no es tan común como se cree, y una de las razones es que hay muy pocos lugares donde se puede llevar a cabo. Lo que quiero decir con esto es que solo podrías realizar una meditación así si fueras a buscar una cascada a propósito, pero puedes limpiar en cualquier lugar: en tu habitación, en tu lugar de trabajo, en tu casa, en la escuela, en el parque, etcétera.

No importa el género ni la procedencia

Edad

Nacionalidad y etnia

7. Más allá de la religión

La limpieza es una disciplina que nos invita a la autorre-flexión, por lo que no precisa asociarla a ninguna creencia religiosa. Personas practicantes de diferentes credos o ramas de una misma fe pueden practicarla juntas.

Con independencia de la religión, los sacerdotes que cuidan de los lugares de culto, como las iglesias o los templos, también se ocupan de mantenerlos limpios. Si os gusta compartir, os resultará más sencillo disfrutar de la experiencia acompañados. Albergo la esperanza de que la limpieza trascienda la religión.

8. Piensa en el planeta

Un día, alguien me hizo la siguiente consulta: «Me gusta barrer, pero siento que solo vale para mover el polvo de un lado para el otro. ¿Para qué sirve entonces?».

Uno de los beneficios de la limpieza es que uno se plantea cuestiones sencillas mientras la realiza. A medida que profundices en ellas, hallarás qué las conecta, lo que te permitirá tener una idea más amplia del mundo y del planeta.

Hoy en día, la crisis medioambiental es más grave que nunca. No solo afecta al entorno natural, debido al cambio climático y la contaminación, sino que se refleja en un sentido más amplio en el entorno humano en forma de discriminación y violencia. Ya no basta con dejar que las Naciones Unidas, los gobiernos y otros organismos públicos traten de resolver estos problemas; los ciudadanos deben tomar partido y actuar por iniciativa propia.

En este contexto, los ODS, acrónimo de Objetivos de Desarrollo Sostenible, adoptados por las Naciones Unidas en 2015, son un conjunto de metas con las que se abordan diecisiete problemas mundiales, entre ellos la pobreza, el hambre y la desigualdad, que han despertado un movimiento global para lograrlas. Además, el principio de «no dejar a nadie atrás» en el que se basan está en consonancia con el budismo.

El objetivo del budismo es que cada uno de nosotros desarrolle buenos hábitos que sean sostenibles para nosotros mismos, para los demás y para el planeta, y que, además, se trasladen a toda la sociedad y se conviertan en costumbres. De esta manera, las buenas prácticas individuales ayudan a proteger el planeta.

La limpieza es la base para desarrollar y mantener esos hábitos, para evitar que ni nosotros, ni los demás, ni el planeta sufran ahora o en el futuro.

9. Limpiar el templo para conectar con Buda, con la vida y con el mundo entero

Limpiar, ya sea en el templo, en la oficina o en casa, implica una conexión con ese lugar que lo convierte en un espacio seguro, un refugio, que sentimos como parte de nosotros.

No hace mucho, en un partido del Mundial de fútbol, salió la noticia de que los hinchas japoneses limpiaron voluntariamente el estadio antes de marcharse. El mundo alabó a los japoneses por sus buenos modales y por su cultura de la limpieza. Aunque puede considerarse una cuestión de buena educación, creo que para los aficionados tenía una connotación distinta. En mi opinión, a través de la limpieza, los japoneses conectaron con el estadio que les había proporcionado una experiencia que guardarían en sus corazones.

En el caso de los templos budistas, es un acto con el que conectamos con Buda. Limpiar el recinto del templo por la mañana y saludar al *Gohonzon** es nuestra forma de empezar el día completamente renovados.

Barrer el cementerio nos permite conectar con los que ya no están. Cuando lo visitamos, no solo nos limitamos

---

* Imagen principal y devocional en muchas ramas del budismo japonés que puede componerse de diferentes elementos, como altares, imágenes, textos, etc.

a limpiar las tumbas de nuestros familiares, sino que también arreglamos las de muchas otras personas para, así, conectar con ellas, aunque sean completas desconocidas.

Hablando de conexiones, en 2012 abrí mi propia escuela, Future Jyushoku Juku, que está vinculada a seiscientos templos de todo Japón. Haber entablado relaciones tan trascendentales que superan las diferencias entre escuelas, lugares y estatus me ha hecho sentir que mi lugar está mucho más allá del templo.

El sumo sacerdote de un templo, en japonés *jushoku,* está conectado a la comunidad local, por lo que, cuando uno de ellos le muestra los alrededores del templo a un visitante, este siente como si conectara con la gente de la zona. Simpatizar con el sumo sacerdote de un templo hace que uno expanda sus fronteras mentales.

¿No sería fantástico conectar todos los templos de Japón a través de la limpieza? Mi deseo es difundir el concepto de la limpieza como una actividad que todo el mundo pueda llevar a cabo a su manera desde los templos a través de iniciativas como las sesiones de *Mañana en el templo.*

Y no solo en los templos, también en otros santuarios sintoístas, iglesias, mezquitas y cualquier otro lugar sagrado con el que estén conectados los corazones de las personas a través de la limpieza. Sería asombroso que lográramos hacer de todo el planeta nuestro lugar sagrado a través de la limpieza.

Pregunta a los maestros del *soji* (1)

LA «LIMPIEZA INFERNAL» DEL MONTE HIEI

Somon Horisawa
(Templo Sanzen-in)

El infierno de la limpieza

En el monte Hiei se encuentran los llamados «tres grandes infiernos». Estos no tienen nada que ver con el más allá, sino con prácticas severas, e incluso temidas por los monjes que las llevan a cabo.

La primera de ellas es el *kaihogyo,* o caminata infernal. Cuando imaginamos una práctica budista, nos viene a la mente el *zazen,* la meditación sentada y silenciosa, pero también existe la práctica de la meditación a pie. La caminata de los mil días es uno de los desafíos más exigentes y extremos del mundo.

La caminata de los mil días tiene lugar durante siete años. En los tres primeros, los monjes caminan treinta kilómetros al día durante cien días por el monte. Cada día deben visitar doscientos cincuenta y cinco lugares de peregrinación, por lo que esto se convierte en mucho más que un simple ejercicio.

Durante los dos años siguientes, deben caminar doscientos días anuales. Al año siguiente, el monje se someterá al *doiri,* un periodo de nueve días durante los que no podrá comer, beber ni dormir, con el objetivo de conectar con la deidad Fudo Myo-o, el «inamovible». Durante estos días, los monjes visten una túnica blanca, un cordón de la muerte y una espada atada a la cintura, dispuestos a quitarse la vida si no lo completan con éxito.

Ya en el sexto año, caminan sesenta kilómetros diarios durante cien días, durante los que realizan un viaje de ida y vuelta al templo zen de Akayama, al pie de la ladera del monte Hiei. En el último año, realizan una peregrinación a los templos y santuarios de Kioto con la que recorren ochenta y cuatro kilómetros diarios durante cien días. A lo largo de los últimos cien días de la caminata de ese año, volverán a recorrer los treinta kilómetros diarios iniciales como muestra de gratitud por los mil días transcurridos. En el último año, caminarán durante doscientos días seguidos hasta completar el millar total.

La distancia recorrida al final es de cuarenta mil kilómetros, es decir, casi una vuelta completa a la Tierra.

El segundo infierno se conoce como el infierno *kangin,* del templo Enyaku-ji. Esta práctica es conocida por el tiempo que lleva leer los sutras. En ocasiones, asisto a servicios conmemorativos budistas en los que se dedican muchas horas a la lectura de sutras, y, aunque al principio es fácil aguantar de pie frente a la estatua de Buda y limitarse a rezar en voz alta, poco a poco sientes como se te entumecen las piernas y la voz se vuelve ronca. La estación del año en la que se realiza también influye. No imagino lo difícil que debe ser recitar los sutras en el duro entorno natural que es el monte Hiei.

El tercer infierno es el de la limpieza del templo de Jodo-in, perteneciente al complejo templario de Enryaku-ji, el más importante del Hiei. Aquí se encuentra el mausoleo donde descansa el cuerpo del fundador del templo, Saicho, por lo que se respeta cada hoja y hierbajo del lugar. La limpieza de este lugar es una de las principales tareas de la práctica diaria, incluso en los fríos días de invierno, cuando el suelo está cubierto de montones de nieve, el templo permanece limpio mientras se sirve a Saicho.

Conocí el infierno de la limpieza gracias al sumo sacerdote de Sanzen-in, Somon Horisawa, que estuvo a cargo del pabellón de Jodo-in en su juventud.

No se parece en nada a un infierno

El templo de Jodo-in infunde temor a los extranjeros al formar parte de uno de los tres infiernos del monte Hiei, conocidos como el infierno de la limpieza.

No es una práctica sencilla ni divertida, pero no es ni mucho menos tan complicada como parece. Si lo fuera, la gente no seguiría haciéndolo.

En Jodo-in solo se sirve a Saicho, el gran maestro budista. Nos despertamos a las tres y media de la mañana para empezar nuestra actividad diaria a las cuatro en punto. Allí, Saicho vive a través de nosotros, por lo que debemos ser puntuales y seguir las normas a la hora del desayuno, la comida y la cena, aunque concebimos los alimentos como meras ofrendas.

Luego, limpiamos y adecentamos el templo. El servicio de la tarde es a las cuatro, por lo que a las cinco ya hemos terminado. Entonces, cerramos las puertas y aislamos el templo del resto del mundo. El resto de la jornada lo dedicamos a estudiar, a meditar y a nuestras tareas personales.

Esto no solo ocurre en Hiei. El fundador del templo del monte Koya, Kobo-Daishi, recibe el mismo tratamiento desde su muerte. La creencia de que los grandes maestros del pasado viven en el presente existe en muchas religiones. La historia de servir a quienes ya no están entre nosotros es lo que hace sagrado un lugar.

Convertirse en limpiador

Pasé unos seis años en Jodo-in. Sin embargo, a pesar de vivir en una comunidad, a la hora de limpiar el templo, estaba solo. Durante el proceso, me dejo llevar y me evado por completo, hasta perder la noción del tiempo. Es una sensación increíble.

Si conviertes la limpieza en una disciplina, ya no verás la tarea como una obligación. Eso son meras distracciones. Olvídate de todo y conviértete en uno con la escoba, sé uno con los hierbajos. Solo así perderás la noción del tiempo. Esa es la limpieza que yo más disfruto.

Ippen Shonin, quien difundió las enseñanzas de Amitabha a través de una danza ritual denominada *nembutsu odori,* utilizó la expresión «ser uno con Amitabha» en lugar de «alabar a Amitabha», paralelismo que yo uso para la limpieza. Y es que, cuando dominas una disciplina, te haces uno con ella. Entonces, empiezas a disfrutarla. Como el lector verá, esto no tiene nada de infernal.

Muévete y aleja las distracciones

Después de limpiar, y a pesar del cansancio y del esfuerzo, nos invade una sensación de satisfacción y nos alegramos del resultado. La limpieza es, por así decirlo, una práctica *dozen,* o de zen dinámico.

Existen dos tipos de budismo zen: el dinámico y el estático. En mi opinión, el primero es el más importante porque, con el segundo, permanecemos inmóviles en una única postura, como si fuéramos una estatua.

En la corriente *nio* del budismo zen, los monjes practican la meditación sentada con la firme intención de parecer *nio* (reyes guardianes celestiales). En otros tipos de zen, los practicantes repiten en voz alta y al unísono el mantra *om,* pues así se concentran mejor.

En contraposición, hay quienes dicen que debemos olvidarnos de todo eso, pues sentarse y dejar la mente en blanco no es una tarea sencilla.

No soy un monje zen, por lo que no estoy familiarizado con el *zazen,* pero entiendo la dificultad que el zen estático supone para los principiantes. A quienes carecen de experiencia les cuesta mucho ser conscientes del momento presente y permanecer inmóviles. Por eso, es más sencillo deshacerse de las distracciones al practicar el zen dinámico.

Pensar no es concentrarse

Cuando nos concentramos en la lectura de los sutras, no pensamos en nada más. Los sutras están
escritos en caracteres chinos, así que, aunque no
entendamos lo que dicen a la primera, al releerlos
varias veces logramos comprender su significado
a grandes rasgos. Con la limpieza pasa lo mismo;
no tienes que pensar en ello, solo tienes que ser
uno con la escoba.

Pensar es de personas sensatas. Y ser sensato
es un engaño. Para deshacernos de este, debemos
dejar de pensar. Tratar de sofocar el pensamiento
hace que entren en acción fuerzas positivas y ne-
gativas que te obstaculizarán el proceso.

Hay quienes creen que pensar es lo mismo que
concentrarse, pero no es así. La concentración es
la capacidad de no pensar.

Nos concentramos de verdad cuando logramos
poner la mente en blanco, y lo mismo ocurre cuando, al barrer, te conviertes en uno con la escoba.

La concentración no se produce en la mente, sino en el
momento en que dejamos de pensar en que debemos concentrarnos. Es parecido a cuando nos centramos en practicar algún deporte. Mientras leemos los sutras y limpiamos,
nos convertimos en ellos y en aquello que limpiamos.

El lugar sagrado está allá donde mires

En Japón, siempre hay un gran árbol en los alrededores de los templos o santuarios. Los lugares sagrados atraen a la gente y les da paz. Sin embargo, la creencia más importante que los monjes queremos transmitir es que no solo pueden ser sagrados los templos y los santuarios; cualquier lugar puede serlo.

Dividimos la realidad entre lo sagrado y lo profano, y concebimos nuestra vida cotidiana como parte de la segunda. Creemos que solo determinados sitios, como los lugares de culto, son sagrados, por lo que no nos importa desplazarnos hasta ellos, aunque nos cueste tiempo y dinero. Pero quienes captan la verdadera esencia del budismo, saben que su propio espacio ya es sagrado de por sí. Eso es la iluminación. Buscar santuarios, idealizar a los santos como si fueran personas completamente ajenas a nosotros, es construir un mundo relativo basado en las diferencias y las comparaciones. En cambio, cuando alcanzamos la Iluminación, todo se vuelve sagrado. No hay nada que no sea *dharma*.

Hay un proverbio que dice que, si nos deshacemos del barro, nos convertiremos en Buda. Todos somos personas normales cubiertas de barro, pero, en cuanto nos libremos de este, antes o después, alcanzaremos a Buda. Eso es a lo que llamamos alcanzar la *budeidad,* y no es fácil lograrlo. Hace años que practico el budismo y puedo afirmar que es muy complicado cambiarse a uno mismo.

Por mucho que barramos, las hojas caídas vuelven a acumularse. No acabamos nunca. Es una tarea sin fin. Yo zarandeaba los árboles para que las hojas cayeran antes y no tener que barrer al día siguiente, pero, aun así, siempre había hojas por el suelo a diario. ¿Te sientes identificado con este ejemplo?

La limpieza no consiste en asegurarse de que no nos queda nada por barrer, porque no acabaríamos nunca. Decir que has alcanzado la iluminación significa que has ido más allá. Sin embargo, mientras el «yo» persista, seguirá interponiéndose en tu camino.

Horisawa dice que todos estamos hechos de barro y que, en realidad, todos somos Buda, pero el fango que nos cubre nos impide ver nuestra verdadera naturaleza. Lo verdaderamente importante es darnos cuenta de que en nuestro interior albergamos un Buda radiante.

La única forma de deshacernos del barro es darnos cuenta de que estamos cubiertos de él. Esta acción es un requerimiento de suma importancia para reconocer la situación en la que se encuentra cada uno.

Capítulo 2

LA LIMPIEZA DE CADA DÍA

Reduce la cantidad de objetos que posees

1. No tengas demasiadas posesiones

Durante su vida, los monjes duermen y se despiertan en el pequeño espacio que se les asigna. Cada uno recibe un tatami en el que meditan, comen y duermen. Como integrante de la escuela de la Tierra Pura, formé parte de la congregación de un templo de Kioto cuando me preparaba para ser monje. No se nos permitía llevar al templo nada del exterior, salvo lo estrictamente necesario, como material de escritura y ropa interior.

Compartía la habitación de tatami con otros diez compañeros. Nos levantábamos antes del amanecer, recitábamos los sutras, limpiábamos y nos dedicábamos a nuestras otras tareas diarias. No había lugar para las distracciones.

Hay un proverbio que dice que «en la nada cabe el infinito». La vacuidad es uno de los dogmas budistas según el cual, cuando uno alcanza un estado de desapego total, se abre ante él un mundo sin límites.

En efecto, una vida sin posesiones puede ser muy cómoda. Ippen Shonin, un conocido *hijiri,* peregrinó por Japón sin posesión alguna y continuó así hasta el día de su muerte, sin establecerse en ningún lugar. Vivió su vida sin ataduras y libre.

2. Rodéate solo de cosas buenas

Un monje en formación solo posee lo que necesita para vivir. Cuando llevas una vida de desapego y libre de posesiones, te das cuenta de que solo te rodeas de cosas buenas. Objetos sencillos, pero funcionales, elaborados a mano con cuidado y esmero. Esas son las pertenencias que acaban ocupando un lugar especial en nuestro corazón y que conservamos.

Cuando uno obtiene un objeto bello, sabe apreciarlo y cuidarlo, pues le sale del corazón, pero lo muestra con las manos. Un corazón no puede crecer si no encuentra algo que apreciar. Si te rodeas de objetos que no te importan, jamás aprenderás lo que es cuidar de tus cosas.

En caso de que tengas hijos, trata de comprarles pocas cosas, pero que estas sean de calidad. Por ejemplo, si enseñas a un niño a tratar una vajilla lacada con cuidado, aprenderá a valorar los objetos de calidad.

Resulta más sencillo limpiar cuando solo compras aquello que realmente necesitas. Esto, además, te permitirá vivir más cómodo y tranquilo. Los productos artesanales son, por lo general, más caros, pero aguantan mejor el paso del tiempo.

3. Nada que tirar

¿Qué consideramos basura? Algo sucio, viejo, inútil o que ya no tiene valor para nosotros. Sea lo que sea, ningún objeto nace siendo basura, sino que se convierte en ello porque lo consideramos como tal.

En el budismo, creemos que nada tiene cuerpo o, dicho con otras palabras, que los objetos y los seres no tenemos sustancia. La expresión japonesa *mottainai* («qué desperdicio», «qué lástima») proviene de esta idea. Pero, si no tenemos sustancia, ¿cómo podemos considerarnos algo?

Los seres y objetos existen porque están conectados entre sí y se apoyan los unos en los otros. Lo mismo ocurre con los seres humanos. Las personas y las cosas que te rodean son las que te hacen ser quien eres.

Por lo tanto, no puedes decidir que algo es importante para ti en función de su utilidad y desechar aquello que no te sea útil.

Una vez, el monje Rennyo* recogió un pedazo de papel del suelo y pensó para sí: «Incluso un trozo de papel es una bendición de Buda, por lo que no se debe ignorar». *Mottainai* en japonés no solo significa que no se deben malgastar las cosas, sino también que se les debe mostrar agradecimiento. Si no eres capaz de preocuparte por los objetos, tampoco lo harás por las personas.

Cuando no quieres o no necesitas algo, se convierte en basura. Los niños que ven a sus padres comportarse así, crecerán y serán como ellos: no cuidarán de sus pertenencias ni de sus amigos. En cada objeto se esconden innumerables horas de trabajo y una parte del espíritu de la persona que lo fabricó. Al limpiar y ordenar, debes tratar las cosas con el debido cuidado y gratitud.

Tampoco es cuestión de que lo guardes todo en el armario porque te da pena desprenderte de tus cosas. Aunque tengan algún que otro desperfecto, todavía les queda mucha vida por delante. Si las sacas del armario, seguro que vuelves a encontrarles alguna utilidad, pero, si las dejas guardadas, te olvidarás de que están ahí, y eso sí que es una pena.

Agradéceles todo lo que han hecho por ti y dáselas a personas que las necesiten para que sigan desempeñando las funciones para las que existen. Aprende a apreciar lo que te rodea.

---

* Rennyo (1415-1499) fue el octavo sumo sacerdote del templo Hongan, perteneciente a la rama budista de la Tierra Pura.

Pon orden

1. Escucha lo que dicen los objetos

Un monje amigo mío me dijo que, al principio, debes recordar dónde va cada cosa para volver a colocarla en su sitio después de usarla. A medida que repitas el proceso, empezarás a escuchar las voces de cada objeto y ellos te indicarán dónde debes colocarlos.

Si nuestra mente está poco receptiva, no seremos capaces de escuchar a los objetos, pero si los tratamos con cuidado y les prestamos la debida atención, escucharemos sus voces.

2. Cada cosa en su lugar

Los monjes tenemos solo lo estrictamente necesario para desarrollar nuestra vida en el templo, pero incluso nuestras limitadas posesiones tienen un lugar reservado para ellas. Si todo está en el sitio que le corresponde, nuestro espacio estará ordenado.

Al terminar de utilizar un objeto, debemos volver a dejarlo en su lugar correspondiente. Sin embargo, a pesar de que parece una tarea sencilla, no lo hacemos. ¿Por qué? Pues porque no cuidamos de nuestras cosas, y eso nos convierte en personas descuidadas.

Los monjes principiantes son instruidos minuciosamente para que sepan dónde debe estar cada objeto. La escoba, el recogedor, el cubo, los platos…, todo tiene su lugar. Lo mismo ocurre con nuestras pertenencias. Los monjes incluso deben colocar los libros de sutras sobre el escritorio en un orden determinado y, si están desordenados, aunque solo sea un poco, los más veteranos les llaman la atención. Gracias a este hábito compartido por todos, aprendemos a devolver las cosas a su sitio una vez utilizadas.

3. Capta la esencia de las cosas

Para colocar cada objeto donde le corresponde, primero tenemos que saber dónde pertenecen, es decir, debemos conocer cada rincón de nuestro espacio. Al limpiar tu habitación a diario, te familiarizarás con el espacio y lo sentirás como una parte de ti.

De este modo, a través de la limpieza, nos familiarizaremos con nuestras pertenencias y nuestro espacio, lo que nos permitirá descubrir su esencia, y esto, a su vez, nos ayudará a averiguar dónde colocar cada objeto.

Escucha lo que los objetos te cuentan

Elimina la suciedad

1. Limpia la mente

Desde tiempos remotos, la limpieza ha sido algo más que una ardua tarea para los japoneses. Para los alumnos de primaria, limpiar la escuela forma parte de su día a día, pero no ocurre lo mismo en otros países, y esto tiene mucho que ver con que, en Japón, la limpieza también consiste en cultivar la mente.

Si alguna vez visitas un templo, no tardarás en percatarte de lo limpio y ordenado que está el recinto.

Por un lado, es para dar la bienvenida a los visitantes, pero también se debe a que la limpieza del templo forma parte de las actividades diarias de los monjes. En mis tiempos como aprendiz en un templo de Kioto, mis superiores se fijaban en cómo doblaba y colocaba la ropa para intentar detectar el más mínimo error.

Si tienes ocasión de visitar un templo, observa cómo limpian los monjes. Cada uno, ataviado con su *samue,* trabaja en silencio por diferentes zonas del recinto. Todos parecen felices y llenos de vida.

2. Mantén tu entorno impoluto

¿Qué significa ser pulcro? Todas las cosas, ya sean naturales o artificiales, son hermosas por naturaleza. Es nuestra mente, el «yo» es quien separa lo que es deseable de lo que no. Todo depende del «yo», que es el reflejo de la mente. La limpieza es, pues, una interacción dinámica entre el «yo» y el mundo, una constatación de que todo está en orden e inmaculado.

Cuando aparece el caos, la mente humana se perturba. En la antigüedad, cuando se producía una catástrofe a escala nacional, se emitía un edicto a través del que se ordenaba la limpieza de los templos y santuarios, pues se pensaba que los desastres ocurrían porque los lugares dedicados a Buda y a los dioses no estaban en las condiciones adecuadas, es decir, estaban desordenados.

En el campo de la física, el principio del aumento de la entropía afirma que los fenómenos físicos, como el movimiento de las moléculas, se vuelven desordenados y caóticos con el paso del tiempo.

Imaginemos que echamos un poco de leche en una taza de café. Al principio, el café y la leche estarán separados, pero, poco a poco, la diferencia entre ellos desaparecerá y se mezclarán por completo.

Esto mismo ocurre en una habitación. Si no organizas tu vida, tu habitación estará llena de cosas y desordenada. No podemos aplicar las leyes de la física a la limpieza, pero las similitudes son evidentes. En el microscópico mundo de las moléculas, así como en la sociedad de la que formamos parte, el desorden es el resultado de la negligencia.

Podemos pensar que vivir en un entorno desordenado es en sí otra manera de ver el orden, pero, cuando yo me encuentro en un sitio desordenado, me altero. La limpieza es el proceso a través del cual eliminamos el polvo y restablecemos el orden.

Fregar y dar brillo

1. Despeja la mente

Pulir el suelo es la parte más importante de la limpieza del templo. En aquellos en los que sirven muchos monjes, no hay un solo día al año en que no se limpie el claustro. El suelo de madera oscura de esta zona se pule a diario para que siempre esté en buen estado.

Cuando uno camina por el suelo de un templo bien cuidado, los *tabi,* los tradicionales calcetines blancos japoneses, no se ensucian. Como parte de nuestra formación, los monjes debemos mantener los suelos siempre impolutos. No importa que el suelo esté limpio, lo repasamos a diario.

Al pulir el suelo, cultivamos nuestra mente.

Cuando doy brillo al suelo del templo cada mañana, soy consciente de que sirvo a Buda y le agradezco la vida que tengo. De esa forma, también limpio mi corazón.

Cuando limpias tu casa y el suelo está impoluto, es muy probable que pienses que dar brillo a la superficie es innecesario.

La acumulación de polvo en nuestro cuerpo, es decir, la alteración de las energías —del *chi*—, se manifiesta como suciedad en el hogar. Si, al fregar el suelo, encuentras una mancha o una mota de polvo, puede que sea una señal de que algo perturba tu mente o tu espíritu. Cuanto más limpies, más sencillo te resultará notar las diferencias más sutiles, así que tómatelo con calma e intenta practicar el *soji* todo el tiempo que puedas.

2. Déjate llevar, concéntrate en el «ahora»

Una vez veamos cómo las perturbaciones de nuestra mente se reflejan en nuestro entorno, aprenderemos a cultivarla a través de lo que nos rodea. Claro está que, si no limpiamos, se acumulará el polvo, y las hojas siempre vuelven a caer una vez barridas. Lo mismo ocurre con la mente. Cuando pensamos que ya la hemos pulido, la suciedad vuelve a aparecer. Nuestra mente está repleta de recuerdos y de inseguridades causadas por el futuro, y eso nos impide vivir el presente. Por este motivo, nos esforzamos tanto en abrillantar los suelos del templo. En comparación con barrer los exteriores, el primero nos permite entrar en un estado de meditación.

En el budismo hay dos formas de meditar: la meditación *vipassana,* que trabaja la conciencia, y la meditación *samatha,* que aumenta la concentración.

Barrer al aire libre, donde uno es testigo de los innumerables cambios de la naturaleza, nos hace ser más conscientes, mientras que limpiar el suelo en un espacio cerrado y aislado del mundo, sin despegar la mirada del suelo y en absoluto silencio, mejora nuestra concentración.

Te animo a que friegues el suelo de tu casa como si de un espejo de la mente se tratara.

Pregunta a los maestros del *soji* (2)

LAS PRÁCTICAS DEL TEMPLO ENGAKU-JI

Somon Horisawa
(Templo Sanzen-in)

Siempre que puedo, pido permiso para limpiar los templos que visito cuando viajo, y en cada uno de ellos encuentro algo diferente. Para mí es un placer y una alegría entrar en contacto con los lugares sagrados a los que tantas personas han acudido a rezar y que tanto aprecian, así como conectar con la espiritualidad intangible, que se ha transmitido de generación en generación.

Para mí fue todo un privilegio tener la oportunidad de saber cómo los monjes del templo Engaku-ji, en Kamakura, desempeñan sus tareas. El maestro Nanrei Yokota Engaku-ji fue nombrado sumo sacerdote de Engaku-ji, de la escuela del budismo zen Rinzai, a una edad muy temprana, y fue muy reconocido no solo allí, sino también dentro del Rinzai y en todo el mundo budista en general.

Nunca olvidaré cómo nos recibió el maestro Yokota cuando llegué a Engaku-ji. Todos los monjes estaban realizando sus labores de limpieza vestidos con el *samue*, y Yokota, que no era una excepción, podaba un árbol.

Por lo que me contaron, Yokota es un modelo que seguir en el templo. Siempre es el primero en trepar a los árboles más altos. Una mañana de un día especialmente ventoso en la montaña en la que había que limpiarlo todo antes de que los visitantes llegaran, Yokota fue el primero en salir. Los demás monjes se apresuraron a seguir a su maestro. Era la primera vez que veían al máximo responsable del templo del budismo Rinzai en primera línea de limpieza.

Yokota dijo que nadie creía que un líder religioso pudiera hacer algo así, pero que él solo pensaba en lo que debía hacer. Solo intentaba vivir adaptándose al entorno que le había tocado.

Me gustaría compartir contigo alguna de las anécdotas sobre limpieza y budismo que el maestro Yokota compartió conmigo.

Transmite felicidad

Gracias a mi reciente encuentro con la maestra culinaria Takako Kuryu, descubrí que durante muchos años había tenido una idea errónea sobre el concepto de la práctica. Hasta entonces, creía que, si comía las mismas gachas, me levantaba siempre a la misma hora, practicaba el *zazen*, limpiaba y trabajaba duro durante el resto del día, me sucederían cosas buenas.

Pero la realidad es que ya estaba comiendo la mejor comida del mundo, vivía en un ambiente privilegiado y tenía todo lo que deseaba. Había olvidado prestar atención a mi interior durante la práctica. Estaba en un lugar feliz y era dichoso, y quise compartir esa felicidad con los demás. Entendí que en eso consistía mi verdadera misión.

En los últimos tiempos, y gracias al *mindfulness,* hemos adquirido la capacidad de observar lo que hacemos desde una perspectiva objetiva. Así fue como me di cuenta de que el *zazen* se había convertido en una especie de rito de iniciación.

No tiene sentido hablar sobre lo maravilloso que es el *zazen* si uno no se siente feliz o inspirado por él. Debemos sentir que lo que hacemos es maravilloso y gratificante.

Fue muy importante para mí darme cuenta de que las gachas del templo eran un manjar, de que limpiar y el *zazen* eran prácticas maravillosas y de que era feliz en el templo.

En las escuelas zen, como la Rinzai y la Soto, el templo en el que sirven los monjes se conoce como monasterio. Las diferentes escuelas tienen denominaciones, horarios y formas de hacer las cosas diferentes, pero todas ellas se asemejan en que poseen un lugar en el que los monjes estudian y pasan tiempo juntos. Los veteranos emplean los métodos tradicionales para guiar a los más jóvenes en su avance por la senda. Así es difícil imaginar la severidad de las prácticas que deben realizar los monjes de la escuela Rinzai.

Regresar al templo una vez acabadas las tareas en el monasterio se conoce como «el descenso de la montaña». Algunos de los monjes que descendían la montaña comentaban que, mientras realizaban sus tareas, pensaban en que el lugar era demasiado duro para ellos y que se limitaban a comer gachas y a tener paciencia, pero, cuando bajaban, comprendían que el monasterio era en realidad un lugar repleto de felicidad. El entorno está preparado para que trabajen sin distracción alguna y, al descender la montaña, comienza la verdadera prueba, pues recorrer la senda de Buda es la forma de alcanzar la iluminación.

El maestro Yokota, quien ha dominado el camino del zen, ha desarrollado una nueva perspectiva sobre la realidad y mediante esta sencilla reflexión narra una vivencia del pasado. «Siento que el zen es una búsqueda interminable». Así relata cómo cambió su forma de ver la limpieza.

Los beneficios de la moderación

Una vez le conté a alguien que, cuando iba al instituto, llegaba temprano y limpiaba los pasillos antes de que llegaran los demás compañeros. No es algo de lo que presumir, pero seguí haciéndolo durante mi estancia en el monasterio. Si todo el mundo se levantaba a las tres, yo lo hacía antes y limpiaba el baño. Sin embargo, un día, mi maestro me dijo que eso no serviría para ganarme a la gente.

Un día, acompañé al anterior sumo sacerdote del templo en un viaje en tren. De pronto, abrió un libro titulado *Zhuangzi** y me lo dio para que leyera el siguiente fragmento:

---

* Zhuangzi fue uno de los filósofos chinos más influyentes. Vivió en torno al siglo IV a. C., durante el periodo de los reinos combatientes, en el que alcanzó su apogeo la tradición filosófica china de las Cien escuelas del pensamiento.

«Lao Tzu tenía un discípulo muy pulcro y perspicaz. Cuando Lao Tzu iba a algún lugar, desalojaba a los invitados si eran escandalosos, limpiaba bien el lugar y se aseguraba de que el calzado estuviera bien colocado. Hacía que todo estuviera perfecto. No obstante, Lao Tzu le dijo: "No has entendido nada. No hay nada más sucio que lo que está limpio. La verdadera pulcritud reside en la suciedad".

Tras la enseñanza de Lao Tzu, los discípulos dejaron de guardar silencio ante la presencia del aprendiz y volvieron a hablar en voz alta mientras limpiaban, aunque este estuviera delante».

Aquella historia me hizo reflexionar y, desde entonces, he cambiado tanto que incluso quienes me conocen desde hace tiempo lo han notado. Antes no era muy hablador y la gente a mi alrededor permanecía en silencio cuando yo estaba cerca. Ahora, paso desapercibido para muchos.

El *zazen* y la limpieza son importantes, pero uno tampoco debe excederse. Si veo polvo en alguna superficie, ya no lo noto, y tampoco pienso en limpiar a todas horas. No quiero convertirme en un obseso de la limpieza. Es mejor no ser del todo perfecto.

Estaba convencido de que, algún día, yo sería quien inspiraría a los demás a seguir mis pasos, ya fuera con la limpieza o con el *zazen,* pero ya no pienso así. Ahora la práctica es como un ejercicio más, como un pasatiempo.

Me gusta mucho esta historia y se la cuento a los entusiastas de la limpieza. Está bien desear que todo esté limpio, pero dedicarte a la limpieza en exceso puede tener efectos negativos y alejarte de los demás.

La palabra «pasatiempo» significa lo que sugiere, una actividad con la que divertirnos y pasar el rato.

El término japonés para «pasatiempo», *doraku,* significaba en su origen «en busca de la senda de Buda», y luego se le otorgó la connotación de «la alegría que se puede obtener al practicar el budismo». Así pues, disfruta de la limpieza.

Cambiar las tradiciones

De este modo logré cambiar. También tuvieron mucho que ver las personas a las que fui conociendo, sobre todo aquellas que practicaban otras religiones. Entonces, empecé a pensar que no necesitaba llamar tanto la atención.

A veces, mientras se limpia el monasterio, se coloca un objeto en uno de los marcos de las puertas correderas para comprobar si sigue ahí después de la limpieza. Es la prueba del algodón de los monjes.

Con esto, podríamos dividir a la humanidad en dos grupos: las personas que quieren que las próximas generaciones compartan su misma mentalidad y las que no lo desean. Yo pertenezco al segundo. No querría que nadie más pasara por lo mismo que yo porque la limpieza casi se convirtió en una tortura para mí; lo consideraba una obligación.

Si estas prácticas se llevan al extremo, pueden derivar en casos de «acoso». Por ello, siempre les pregunto a los aprendices ¿qué pasaría si realizáramos las mismas prácticas que nuestros antecesores? Muchos opinan que, si el templo funciona bien, los monjes son personas de confianza y todo el mundo se siente a gusto, entonces todo debería seguir igual. Pero piénsalo. Si todo va bien, ¿por qué nos preocupa tanto que la sociedad actual se distancie del ámbito espiritual? Si te limitas a repetir una y otra vez lo mismo, no cambiará nada. Debes cuestionarte si lo estás haciendo todo bien porque puedes perder de vista el verdadero objetivo. Si deseas alcanzarlo, tienes que escuchar los consejos e historias de los más versados y, a partir de ahí, determinar el punto de partida.

Limpiar no sirve de nada si te dicen lo que debes hacer y luego te regañan por ello.

Es cierto que el zen nos enseña a empezar desde abajo y a avanzar poco a poco, pero, los jóvenes de hoy se desmotivan al escuchar esto. Ojalá hubiera una forma de enseñar a la juventud lo que es importante en esta vida en tan solo tres meses. En la actualidad, si nos dicen que necesitaremos treinta años para lograr un objetivo, nos rendimos antes de empezar.

Es importante conocer los patrones, pero eso no significa que debas repetirlos siempre, pues eso solo hará que se pierda información con el tiempo, como si de una copia de una fotocopia se tratara. Además, hay conceptos y aspectos en la vida que están destinados a cambiar y a adaptarse con el paso del tiempo. Yokota se centra en lo que se debe proteger y lo que se debe cambiar por el bien de las generaciones futuras.

Una de las enseñanzas del budismo es la del camino medio, aquel que se encuentra entre dos extremos: la mortificación y el hedonismo.

El mismo Buda, Sidarta Gautama, se ordenó a la edad de veintinueve años y, tras seis años de severa penitencia, renunció a esa vida y alcanzó la iluminación.

Buda dijo que para lograrlo tuvo que caminar entre las dos opciones en lugar de decantarse por un extremo.

Quizá pienses que el budismo no es nada claro y habla solo utilizando medias tintas, pero la enseñanza es tan sencilla como evitar los extremos y permanecer en el camino del medio. Cuando comencé a estudiar el budismo, opinaba igual. Esperaba toparme con una doctrina moralista mucho más radical y la idea de seguir el camino medio no me resultaba convincente, pero, a medida que fui aprendiendo y me percaté de que no encontraba mi sitio en la vida, descubrí la importancia del camino medio.

Es fácil dejarnos seducir por los extremos; los demás saben reconocerlos y pueden parecernos tentadores, pero son el camino fácil. En ocasiones, tomamos ciertas decisiones radicales que nos parecen correctas, pero que, a largo plazo, pueden resultar equivocadas. Sin embargo, tampoco es sencillo seguir siempre el camino medio.

Si tuviéramos, por ejemplo, una línea con un punto de partida y un final nos resultaría sencillo señalar dónde está el centro, pero, en el mundo real, los puntos medios no son tan evidentes. El centro del poliedro que es la sociedad cambia junto a esta, y no siempre se puede identificar con facilidad. Recorrer el camino medio es un viaje interminable.

Estar presente en el ahora

Junsho Oka es un monje del templo Enyu-ji, en Meguro, perteneciente a la escuela Tendai, y también es director de un jardín de infancia, por lo que a menudo cuenta cómo es interactuar con niños. Un día, les habló a los pequeños sobre la muerte de Buda y uno de ellos no paraba de llorar. Creyó que sería algo temporal, que se le pasaría, pero, al año siguiente, el niño todavía derramaba lágrimas cada vez que lo recordaba. Oka le preguntó qué le hacía llorar tanto, y él le respondió que la muerte de Buda.

«¡Qué dices! —le respondió Oka—, está justo aquí», y le dio unos ligeros toques en la cabeza. El niño lo comprendió y se marchó con una sonrisa.

Es una historia preciosa que ejemplifica muy bien en qué consiste el despertar zen. No alcanzarás la iluminación solo con la meditación o haciendo penitencia; lo harás cuando encuentres algo que creías haber perdido.

El fundador de nuestra escuela, Rinzai, alcanzó la iluminación tras ser golpeado por una vara en una de sus visitas a Obaku. Con esto no quiero decir que lo consiguiera por haberse mostrado valiente o decidido. De hecho, el propio Rinzai comparó ser atizado con las collejas que le daba su padre. Esta situación es muy similar a la de Oka y el pequeño que lloraba por la muerte de Buda, pues Obaku golpeó a Rinzai porque este buscaba una explicación al *Dharma* cuando la respuesta estaba en su interior. La moraleja de esta historia es que la fuerza del golpe no influye en cuánto le llevará a uno alcanzar la iluminación.

Y lo mismo ocurre con la limpieza. No queremos convertirla en una tarea pesada, en un martirio; es mejor llevarla a cabo con moderación. Si el deseo de limpiar surge de nosotros de forma natural, nos sentiremos satisfechos y querremos involucrar a más gente en el proceso. Además, sin esa alegría o emoción no lograrás convertirla en un hábito que perdure en el tiempo. Y solo averiguarás cómo debes hacerlo a base de prueba y error.

Las personas buscan respuestas fáciles e inmediatas, y esperan hallarlas en algún lugar ajeno a ellas mismas. Cuando tratamos de encontrar un camino radical y no damos con él, buscamos una vía aún más extrema. Sin embargo, si te detienes un momento y te relajas, te darás cuenta de que tú eres la respuesta. Existen muchas escuelas y variantes dentro del budismo, pero todas comparten ese mensaje de autodescubrimiento. Imagina qué sentirías si convirtieras la limpieza en un hábito.

Concentración y abstracción

En el budismo, existe un principio llamado «atención plena». Cuando entramos en un estado de meditación zen profunda, estamos más receptivos y podemos analizar y alcanzar un grado de comprensión mayor de cuanto nos rodea. Sin embargo, concentrarse demasiado también puede ser un obstáculo. Esto se puede aplicar a todos los aspectos de la vida, incluida la limpieza; si estás muy centrado, es posible que te dejes alguna parte sin limpiar. Esto les ocurre mucho a los monjes más novatos, que se centran tanto en un solo punto, que siempre les quedan rincones por limpiar.

En cambio, yo, que intento estar algo distraído, enseguida veo dónde están el polvo y las pelusas. A esto se le denomina «efecto desenfoque». No te concentres demasiado, ya que te sentirás exhausto y eso te embotará los sentidos.

La limpieza fomenta tanto la concentración como la distracción.

No solo consiste en dejarlo todo como los chorros del oro, sino también en saber cuándo se debe parar.

La meditación es una buena forma de trabajar la atención plena. El *mindfulness,* por ejemplo, ayuda a trabajar las mentes dispersas, pero

LA LIMPIEZA DE CADA DÍA

algunas personas tienden a ser prisioneras de sí mismas, por lo que, si se esfuerzan demasiado y generan apego, acaban por agobiarse. A menudo me preguntan cómo se debe respirar durante el *zazen,* y yo siempre respondo que el secreto para respirar adecuadamente durante la meditación es no ahogarse.

La base de mis estudios de filosofía budista es el pensamiento *prajna,* que versa sobre la no pertenencia y el desapego, es decir, enseña a uno a no atarse a un lugar ni a ningún objeto. No debemos quedarnos en un templo, debemos vagar. En eso consiste el pensamiento *prajna,* algo con lo que he comulgado siempre.

Mientras caminábamos por el recinto de Engaku-ji, el maestro Yokota se agachó a recoger algo y se incorporó enseguida. «Si lo limpio ahora, no tendré que hacerlo luego —dijo—. ¿Creías que había encontrado dinero?», bromeó, y me mostró el papel que había cogido y que yo no había visto.

Esta anécdota sobre cómo la capacidad de observación funciona mejor cuando no nos concentramos en exceso está relacionada con la forma en que experimentamos nuestro día a día. Por ejemplo, si al mirar el cielo estrellado, nos concentramos en un punto en concreto, las estrellas menos brillantes o más pequeñas nos pasarán prácticamente desapercibidas; sin embargo, las apreciaremos mejor sin observamos el cielo de una forma más amplia. Del mismo modo, la panorámica que vemos a través de la ventana de un autobús o un tren será más nítida si la apreciamos en general en lugar de fijarnos en un punto fijo.

Las sesiones matutinas de limpieza en el templo reúnen a personas de todo tipo. Algunas son muy animadas y habladoras, mientras que otras son más calladas y dedicadas a lo suyo. Ninguna personalidad es mejor que la otra. Puedes trabajar duro o tomártelo con calma. Además, es posible que, según tu estado de ánimo, un día te apetezca esforzarte mucho y otro, ir con más calma. Por otro lado, el punto de vista con que enfocamos la tarea también es un factor determinante, pues podemos apreciar el mismo templo desde diferentes perspectivas y descubrir los entresijos de nuestra mente.

Una de las virtudes de la limpieza es que, por más que barras, no se termina nunca. Se podría pensar que la limpieza del templo se basa en el perfeccionismo, pero, en realidad, no existe un templo que esté completamente limpio. Debemos encontrar el término medio y establecer nuestros propios límites. La limpieza no es tanto un ejercicio de perfeccionismo, sino de todo lo contrario.

Disfruta de los cambios

Después de dos, tres, cinco, diez o incluso más años de práctica ascética, los monjes regresan a sus templos, que están repartidos por todo Japón. Durante su estancia en el monasterio, los aprendices experimentan una verdadera transformación. Algunos cambian en un abrir y cerrar de ojos, otros lo hacen más despacio y muchos otros lo hacen un tiempo después. Hay quienes no advierten ningún cambio a primera vista, pero creo que eso se debe a que todavía están en medio del proceso. Pero te aseguro que, tarde o temprano, el cambio llega.

Por ejemplo, si una persona que ha llevado una vida desordenada de repente toma la senda de la vida monástica, cambiará drásticamente. Pero, pasado un tiempo, esos cambios serán cada vez menos notorios, pues, una vez te acostumbras a ese estilo de vida, dejas de apreciar los pequeños cambios, pero eso no significará que no estén ahí. Es una cuestión de percepción.

Por norma general, a las personas nos asustan los cambios, aunque algunas, y yo me incluyo en este grupo, disfrutamos de ellos. Estoy en constante transformación, y eso me gusta. Creo que, si uno no disfruta de los cambios, no puede avanzar. Al limpiar, percibes las transformaciones en el templo a diario, lo que te motiva a continuar.

Los cambios más sutiles son los que más se perciben durante la meditación. La vida es una serie de descubrimientos constantes. Es casi imposible que el ser humano siga un único camino medio hacia la perfección, incluso aunque solo existiera una senda por la que ir. Hace poco he llegado a la conclusión de que el camino fluctúa constantemente entre un extremo y el otro, por lo que creo que siempre oscilamos entre la conciencia plena y la abstracción, entre la sabiduría y la compasión.

Eso fue lo que me enseñó la tabla de equilibrio, o *balance board*. Cuando uno se sube a la tabla de equilibrio, es muy difícil permanecer en el centro, pues en cuanto consigues mantener el equilibrio, vuelves a perderlo. Me divierte mucho subirme a la tabla de equilibrio a diario y, últimamente, he logrado encontrar un punto de estabilidad, aunque solo lo mantenga durante unos segundos.

Una tabla de equilibrio es un equipo de entrenamiento que podemos encontrar en cualquier gimnasio. Al mantener el equilibro sobre ella, se trabaja y fortalece el tren superior del cuerpo. Esta anécdota parece ser más del maestro Yokota que mía, pues él siempre intenta incorporar cosas nuevas a la práctica del zen.

Al templo acuden personas que sufren ansiedad, que cuestionan el sentido de la vida o que buscan un camino que seguir. A estos individuos se los denomina «buscadores». A lo largo de la búsqueda de la senda, muchos de ellos experimentan un fuerte deseo de construir una identidad firme e inamovible para el resto de su vida. Para aquellos que, como yo, ansían aferrarse a algo y desean obtener alguna certeza, mantener el equilibrio y seguir el camino medio puede resultar insuficiente.

Hazlo sin buscarle el sentido

A quienes no piensan así les invito a dejarse llevar, pues no hay nada de malo en ello. Y, si te vas un poco más allá, encontrarás algo mucho mejor. Al menos, de eso trata el *koan** de la escuela Rinzai.

No quiero predicar a gritos la eficacia de la meditación, pero es cierto que te aportará muchos beneficios para tu salud, tanto física como mental, y te permitirá disfrutar de la vida. Aun-

---

* Un *koan* es, en la tradición budista, un problema que plantea un maestro a su discípulo con el fin de medir sus progresos. En la mayoría de las ocasiones, dichos problemas pueden parecer absurdos o ilógicos, y, para resolverlos, el alumno debe desligarse de todo pensamiento racional para intuir la realidad oculta tras la cuestión planteada.

que al principio solo practiques la meditación para obtener un beneficio, te animo a que te dejes llevar y disfrutes del proceso.

Hoy en día, estamos tan acostumbrados a actuar para lograr nuestros objetivos o para ser o conseguir algo que nos desconcierta cuando se hacen las cosas porque sí. Si no hay un motivo, entonces ¿cuál es la utilidad de una tarea o práctica?

Fijarse el objetivo de ser o conseguir algo es como admitir una carencia o que estamos incompletos. El budismo nos enseña que es nuestra mente la que nos hace sufrir, pues es la causante de todos esos pensamientos negativos.

Hace poco, comenzamos a practicar el *uposatha*. En tiempos de Buda, durante las noches de luna llena y de luna nueva, se acostumbraba a repasar los preceptos budistas y se confesaba aquello de lo que uno se arrepentía. La confesión no forma parte de la práctica del zen. Las oraciones de arrepentimiento solo se recitan durante los funerales; sin embargo, no dedicar tiempo a la introspección y al arrepentimiento puede llevar a la arrogancia.

Podríamos decir que los preceptos sirven para arrepentirnos, pues incitan a la reflexión y a pensar en lo que hemos hecho mal. Lo mismo ocurre con la respiración en la meditación *vipassana*. No importa que dejemos de prestar atención a la respiración, sino ser conscientes de que nos hemos distraído y volver a centrarnos en ella; lo mismo se aplica a los preceptos. Si nos alejamos de ellos, en cuanto nos demos cuenta, debemos regresar a la senda, pues son los preceptos los nos permiten actuar con moderación.

No obstante, el término «precepto» es, en primer lugar, erróneo. Más que un precepto que seguir se trata de un hábito, aunque también puede entenderse como una disciplina. En definitiva, el propósito original de los preceptos es el desarrollar unos buenos hábitos.

Había un maestro que seguía la práctica de la *uposatha,* un día en el que se intensifica la devoción, así que acudí a su templo para verlo de primera mano. En Engaku-ji, dos veces al mes dedican una hora a la oración y repasan los preceptos de uno en uno. Por ejemplo, y para no ceñirse a la lectura en chino clásico, cuando tratan el primero, «respetar la vida», todos responden con la interpretación moderna, que es la de ser compasivo, cuidar y cultivar todas las cosas.

Tras el primero, continúan con «No robes», «No muestres tu ira ante las inclemencias» y «Sé consciente de que la realidad no es inmutable y adapta la mente y el espíritu».

Los cambios que sufre un practicante tras una sesión de *uposatha* no se aprecian a simple vista, pues ocurren poco a poco.

La limpieza nos ayuda a trabajar y mejorar nuestra conciencia plena y a abstraernos, pero también es valioso el hecho de que nos ayuda a mejorar nuestra capacidad de establecer hábitos. En el templo de Komyo-jo, celebramos las *Mañanas en el templo* dos veces al mes, y los participantes aseguran que asistir a las sesiones les ayuda a fijar una rutina en sus vidas.

Los preceptos pueden parecer reglas que los monjes debemos seguir a toda costa, pero existen por nuestro propio bien, no para juzgar a los demás.

Phra Yuki Naradevo, un monje ordenado en Tailandia, dice que los preceptos no existen para que los cumplamos, sino para sentirnos protegidos por ellos, y no podría estar más de acuerdo con él.

En la escuela de la Tierra Pura, somos conscientes de que hay personas que ignoran estos preceptos. Nunca se sabe hasta dónde puede llegar un individuo, mucho menos si eso implica respetar alguno de los preceptos. Por ello, al intentar seguir los preceptos, incluso si nunca lo logramos, estos nos estarán protegiendo. Nunca seremos capaces de seguirlos a la perfección y caeremos una vez tras otra en el intento. Pero, si insistimos y no nos rendimos, pondremos a trabajar nuestra capacidad para crear hábitos nuevos, aunque sea poco a poco.

Capítulo 3

ENSEÑANZAS DE LA LIMPIEZA PARA NUESTRA VIDA

Percibe el mundo tal y como es

Por la mañana, antes de empezar a limpiar el templo, leemos los sutras. Cuando hacemos esto, la mente y el espíritu se calman al escuchar nuestras voces al unísono. Después, quemamos incienso y nos relajamos con su fragancia.

Mientras barremos el exterior, estamos rodeados de muchos estímulos. El sonido del viento, el olor de la tierra, la humedad de los trapos, las formas que crean las hojas caídas, el paso de las estaciones... Una vez hemos terminado, descansamos mientras tomamos una taza de té. De este modo, activamos los cincos sentidos. Barrer y limpiar nos permite disfrutar del aquí y del ahora.

No desees ser mejor que los demás

Entre semana, en el templo se reúne un amplio abanico de personas con diferentes objetivos: algunos son ambi-

ciosos y otros buscan una oportunidad para marcar la diferencia. Quienes asisten por primera vez, llegan tensos, pero también frescos. Muchos de ellos acuden antes de ir a trabajar porque desean ser mejores en su puesto laboral.

Estas personas suelen ser muy competitivas, por lo que, de forma inconsciente, pueden caer en la tentación de querer recoger más hojas o limpiar más que los demás. Esforzarse está bien, pero esa actitud se aleja mucho de la ideología budista, pues solo estarán tratando de demostrar que son los mejores.

En los negocios, existe cierta competencia. Tienes que superar a tus competidores, a tus compañeros. Sin embargo, a la hora de limpiar, no hay rivales ni metas. Solo debemos concentrarnos en nosotros mismos, en el momento presente y en deshacernos de la competitividad y la vanidad a la que nos ha acostumbrado el trabajo.

No juzgues

Las personas nos alejamos de lo que no nos gusta o nos resulta desagradable; es una reacción comprensible e intuitiva. Sin embargo, lo que es bueno o agradable para ti también puede hacerte sufrir. ¿Qué quiero decir con esto?

Pongamos que tienes una taza que te gusta mucho. Si se rompiera o perdiera, te sentirías triste. Por suerte, y sin necesidad de que le ocurra nada a la taza, existe un apego inconsciente que te hace pensar que no puedes prescindir de ella.

Como puedes ver, incluso lo bueno se convierte en una fuente de sufrimiento cuando sentimos apego hacia ello.
Cada uno tenemos un sistema de valores que abarca desde lo personal a lo social y aplicamos unos u otros según la situación en la que nos encontramos. Decidimos si algo es bueno o malo siguiendo estos criterios.

Sin embargo, si vivimos atados a estos criterios, estamos dominados por los juicios de valor y nos volvemos incapaces de aceptar las cosas tal y como son. Nos quedamos atrapados porque no dejamos de pensar en ellos. La manera más eficaz de liberarte es moverte.

La limpieza se basa en una serie de acciones sencillas: barrer con la escoba, limpiar con el trapo, y así sucesivamente. Los movimientos no son complicados, por lo que te sentirás libre y serás consciente de cada uno de tus movimientos.

De este modo, la limpieza también puede ser un momento para tomar conciencia de aquellas cosas que damos por sentadas en nuestro día a día.

Olvida los objetivos

Todos tenemos algo que queremos ser, algo que deseamos hacer o tener, o algo que queremos conseguir. Sueños, esperanzas, objetivos, metas... No importa cómo lo llames. En definitiva, es ese anhelo por conseguir algo que todavía no tienes, de hacer lo que quieres. En el budismo, vemos esto como una causa de sufrimiento porque no podemos alcanzar aquello que tanto ansiamos. El budismo nos enseña a alejarnos del sufrimiento y a buscar la paz interior.

Debemos ser conscientes de la importancia que tiene erradicar el sufrimiento y buscar la paz interior, tanto en uno mismo como en los demás. Para lograr esto, debes hallar una forma de implicarte tanto a ti mismo como a los demás, además de deshacerte del egocentrismo y de no descuidarte a ti mismo en el proceso.

Tener un propósito puede parecer algo positivo, pero no es más que una forma de admitir que hay algo que todavía no has conseguido. En otras palabras, afirmas que eres imperfecto, que estás incompleto y que reniegas de ti mismo.

Esto puede provocar que sientas ansiedad, por lo que debes ir con cuidado.

Sí, es hermoso tener sueños y metas, y también es natural, pero no debemos dejarnos llevar exclusivamente por nuestros propósitos.

En este sentido, la limpieza es una actividad interminable y, gracias a que implica estar en movimiento, nos
ayuda a centrarnos en el presente sin pensar en el futuro
ni en el pasado.

Aprende a parar

«Está bien así» es la coletilla habitual del padre de
The Genius Bakabon.* Esta frase resume, de hecho, un
concepto muy importante en la limpieza, pues, a pesar
de haber barrido, siempre habrá hojas en el suelo. No
puedes pasarte el día recogiéndolas, por lo que debes
aceptarlo y conformarte con lo que has hecho.

En las sesiones de *Mañanas en el templo,* la hora es la que
determina el final de la limpieza. Cuando acabamos, muchas personas se quedan a medias y comentan que querían
limpiar una zona concreta, pero que no les ha dado tiempo.
   No obstante, creo que acostumbrarse a dejar las cosas
sin terminar es una práctica vital de suma importancia.
Si no te habitúas a ello, te convertirás en una persona
perfeccionista y no te sentirás satisfecho con nada hasta
que lo consideres excelente.

---

* *The Genius Bakabon (Tensai Bakabon)* es un manga publicado en las décadas de los
sesenta y setenta que cuenta con varias temporadas de anime, siendo la más reciente
del año 2018.

Nada es perfecto, ni siquiera la limpieza. El perfeccionismo solo aumenta el riesgo de que nos desgastemos mentalmente ante el menor indicio de discordancia entre lo ideal y la realidad. Vivir así sería muy complicado.

La limpieza es una buena forma de poner en práctica nuestra capacidad para aceptar que las cosas «están bien así».

No se trata de conseguir la perfección, sino de establecer tus propios estándares para que vivas feliz y en calma.

Nada es como lo deseamos

La limpieza no es siempre como uno espera. Durante la temporada de lluvias, lidiamos con el moho, pero el tiempo no cambiará por mucho que uno proteste. Las malas hierbas y los insectos proliferan, y no es sencillo acabar con ellos. Debemos afrontar la realidad sin desanimarnos.

Las relaciones humanas, al igual que el entorno natural, no son como desearíamos. Las sesiones de *Mañanas en el templo* atraen a personas con distintas profesiones, desde empresarios a estudiantes universitarios. El tipo de comunicación al que están acostumbrados no les sirve allí, pues no hay subordinados ni amigos que cuiden de cada uno de ellos, y, en lugar de oponerse a las relaciones que escapan a su control, tienen que adaptarse a ellas.

Buda diferenció dos tipos de sufrimiento humano: el individual y el colectivo. A los cuatro padecimientos del nacimiento, la vejez, la enfermedad y la muerte se suman, además, el dolor que nos provoca tener que alejarnos de quienes amamos, tener que encontrarnos con quienes odiamos, la insatisfacción por no conseguir lo que deseamos y los cinco *skandhas.*[*]

De ellos, los más significativos son los dos que tienen que ver con las relaciones humanas, que son el dolor por alejarnos de nuestros seres queridos y el dolor por encontrarnos con aquellos que odiamos.

El mundo está repleto de cosas que no salen como deseamos.

Al limpiar recordarás todas aquellas ocasiones en las que las cosas no salieron como esperabas.

Entra en armonía con el entorno

Quizá pienses que las prácticas en el templo deben llevarse a cabo con calma y en silencio, pero la realidad es

---

[*] Los cinco *skandhas* o agregados son, en el budismo, los cinco procesos en los que se clasifica toda experiencia individual: la forma —el cuerpo físico—, la sensación, la percepción, las tendencias —o formaciones mentales— y la conciencia.

que la limpieza se hace en equipo. En primer lugar, es esencial fijarse en dónde limpian los demás y, una vez hayamos comprendido la situación general, será hora de trabajar por nuestra cuenta. Piensa en el papel que debes desempeñar para dividir el trabajo de forma eficiente y ayudar a los demás.

El principio de que hay que limpiar de arriba abajo hace que prestemos atención a la perspectiva y a los procedimientos del trabajo. Si ves que unos compañeros han empezado a limpiar una zona, ponte con otra; así podrás integrar tu parte en el todo.

En un entrenamiento en el *dojo,* un desliz puede provocar un problema que afecte a todo el grupo. En ocasiones, el equipo tiene que rezar sentado sobre los talones durante largos periodos de tiempo. Debemos hacerlo bien para que no repercuta negativamente en los demás. Es una oportunidad para aprender que no estamos solos, y lo mismo ocurre con la limpieza.

Sin jerarquías

En la mayoría de las situaciones que implican un contacto social, en Japón es habitual intercambiar tarjetas de visita a la hora de hacer las presentaciones. Se trata de una manera de determinar el estatus y la posición de la otra persona, y, por tanto, la relación entre ambas partes.

Una inmensa variedad de personas acude tanto al templo como a las sesiones de limpieza. Como la gente nunca es la misma, no es de extrañar que en cada reunión haya caras nuevas; sin embargo, los participantes nunca intercambian tarjetas de visita. Nos limitamos a saludarnos y a entablar un poco de conversación mientras limpiamos.

Es una conexión superficial, pero existe un respeto mutuo y un sentimiento de unidad al compartir la misma tarea. En la sociedad actual, las relaciones que no requieren de nombres y cargos son más valiosas que nunca.

Nuestras relaciones están ligadas a nuestro cargo y posición, pero, ante el *Gohonzon,* todos somos iguales. En el templo, nos liberamos de las limitaciones de la vida cotidiana y nos permitimos ser como realmente somos.

Esa es una de las mayores alegrías que se experimentan al limpiar el templo con los demás compañeros.

No dependas de nadie

Como ya mencioné en la introducción, cuando salió a la venta la versión en inglés de mi anterior libro, *Manual de limpieza de un monje budista,* un periodista de un diario británico me preguntó qué me parecía que en su país se contratara a gente para encargarse de la limpieza, a lo que le respondí si él le pediría a otra persona que meditara en su lugar.

La limpieza es una práctica más, como el *zazen,* y no puedes pedirle a nadie que lo haga por ti.

Si piensas en ella como una mera tarea, no importará quién la realicé, pero, si consideras la limpieza una disciplina, tu punto de vista cambiará por completo. No puedes pedir a otro que la lleve a cabo por ti.

A muchos les atemoriza que, en un futuro, las inteligencias artificiales nos sustituyan, pero yo creo que no todas las labores pueden reemplazarse, como la limpieza.

La limpieza hace que me pregunte qué cosas hago que nadie más puede hacer por mí y qué vida quiero vivir.

¿Qué significa ser independiente? Eso es lo que la limpieza hace que te cuestiones.

Cultiva la mente y no te dejes llevar por los elogios

Las personas del entorno cercano de los participantes de las *Mañanas en el templo* alaban su labor desinteresada. Es fantástico que nos elogien, pero debemos tener cuidado con los halagos.

Si los elogios son constantes, querrás escucharlos cada vez más y eso se convertirá en tu único objetivo, por lo que limpiarás para quedar bien con los demás, pero, si dejas de recibirlos, abandonarás la tarea.

Como ya he dicho muchas veces, la limpieza es una disciplina y la realizamos con independencia de si nos elogian por ello o no.

Es importante aprender a aceptar los cumplidos, pero no debes dejarte llevar por ellos o permitir que te afecten. Este es el tipo de entrenamiento mental que supone la limpieza.

No pienses demasiado

Nos pasamos la vida pensando. Creamos infinidad de problemas en nuestra mente y nos obsesionamos con darles una solución. Todos deseamos estar mejor. Cuando hallamos una respuesta convincente, nos sentimos aliviados. Pero, si no es así, seguimos buscando y luchando contra nosotros mismos.

Hace tiempo, charlé con Fumiko Hoshino, un monje itinerante. Los *yamabushi,* o monjes itinerantes, viven en las montañas alejados de la civilización, visten con kimonos blancos y tocan la caracola. Según el maestro Hoshino, la naturaleza te guiará en tu meditación en las montañas. En la actualidad, buscamos respuestas para todo. Sin embargo, el medio natural nos enseña que estas no existen. Los monjes itinerantes defienden que no debes buscar un significado oculto a todo lo que te ocurra; debes aceptarlo sin más.

Es difícil vivir y meditar en las montañas como hacen los monjes itinerantes. Ahí es donde entra la limpieza. Deja de intentar encontrar respuestas a todo y limpia sin pensar. Esta disciplina es una forma estupenda de relajarnos después de un día duro en la escuela o en el trabajo.

Corrige los malos hábitos mentales

Por mucho que tratemos de hacer desaparecer los problemas, si no los afrontamos, se nos acumularan en la mente. Este es uno de nuestros hábitos, también llamados *kleshas,* o aflicciones, y a través de la limpieza podemos hacerle frente.

Existen tantas formas de limpiar como personas en el mundo. Cada uno barremos a una velocidad diferente o empezamos por sitios distintos. En buena parte, se debe a nuestros hábitos mentales. La limpieza nos ayudará a entender por qué los hemos desarrollado, algo en lo que normalmente no reparamos.

Con esto no quiero decir que sea negativo tener hábitos, pero quizá te sientas aliviado al reconocer el momento en que empezaste a sentirse ansioso. Pero, en el momento en que sientes la mente más despejada, aparecen otros hábitos mentales. Ser conscientes de nuestros hábitos no hará que desaparezcan, pero nos ayudará a trabajar en ellos poco a poco.

Es como cuando conduces un coche y quieres frenar. Si vas muy rápido y frenas, el coche no se detendrá de golpe. La vida tampoco lo hace.

Cuanto más intensos sean tus hábitos mentales, más tiempo te llevará cambiarlos. Pero tener que modificarlos no significa que debas renegar de ellos, pues forman parte de tu personalidad. Lo importante es que seas consciente de que debes abandonar tus antiguos hábitos y reconocerlos cuando caigas de nuevo en ellos, pues nos aferramos a ellos y siempre regresan.

El mismo hábito puede tener efectos completamente distintos dependiendo de si nos damos cuenta de que lo estamos haciendo o de si lo hacemos de forma inconsciente.

Los cambios se notarán con el tiempo. Debes confiar en ello. Siéntate, relájate y tómate tu tiempo.

Pregunta a los maestros del *soji* (3)

LA PERSONIFICACIÓN DE LA LIMPIEZA

Maestro Issho Fujita
(escuela Soto)

Tradicionalmente, en los templos budistas utilizamos el término *samu* para referirnos al conjunto de tareas necesarias para mantener un ambiente ordenado, como limpiar, cortar leña o arrancar los hierbajos, entre otras. El *samue,* la prenda habitual en los *ryokan,* u hoteles tradicionales japoneses, estaba pensada originalmente para facilitar la movilidad de los monjes mientras realizaban sus tareas.

En el monasterio, los monjes limpian los largos pasillos y las escaleras con entusiasmo. En las escuelas de Japón, los jóvenes se encargan de la limpieza y se organizan con su grupo de amigos para realizarla, y es emocionante comprobar que los adultos también lo hacen juntos.

El budismo surgió en la India, país en el que nació Buda. Allí, el sistema de castas fija dónde pertenece y a qué se dedica cada grupo. Los monjes ordenados no realizaban ningún tipo de trabajo, ni siquiera la limpieza, porque debían evitar toda actividad productiva.

Existen muchas escuelas budistas en el mundo, y algunas de las más estrictas distinguen el mundo sagrado del mundo secular, de modo que en algunas culturas resulta inaceptable que un monje ordenado entre en contacto con lo impuro, que es lo opuesto a lo sagrado.

En el budismo japonés, sin embargo, está muy extendido que los monjes se ocupen de cuidar su entorno. En Japón, la cultura budista ha desarrollado una forma de concebir la vida cotidiana como un camino búdico. Gracias a ello, el modo de vida budista está presente en muchos ámbitos de la sociedad y de nuestras vidas, desde el idioma a las costumbres.

El maestro Issho Fujita es un monje de la escuela Soto que, tras completar su formación en Japón, pasó mucho tiempo en Estados Unidos. Sin pertenecer a ningún templo, ha continuado en su búsqueda de la verdad, y muchas personas lo alaban por ello. Entre sus seguidores hay muchos jóvenes. He tenido la oportunidad de estar con él en varias ocasiones y sus experiencias han tenido una gran influencia en mí.

Un día, lo visité en su *dojo* de Hayama y charlamos mientras limpiábamos. Me contó que muchas personas se mostraban reacias a limpiar el baño, pero que los monjes más veteranos realizaban esa tarea sin pensarlo.

La limpieza es una cuestión personal

La base del zen consiste en que cada uno se centre en sus tareas. En el budismo del sudeste asiático, el que se extendió por Indonesia y otros países del sur asiático, los monjes no trabajaban, pero la práctica del zen ha supuesto cambios sustanciales en la sociedad. En las zonas del sudeste donde se practica el budismo, los monjes no trabajan en el campo porque la autosuficiencia va en contra de sus preceptos originales, y no creen que trabajar forme parte de la práctica budista. En este sentido, la rama del budismo japonesa, que tiene la limpieza como elemento esencial de la práctica, parece bastante reciente.

Por supuesto, esta rama no se desarrolló de forma espontánea, sino que tiene su origen en ciertos factores históricos o ideológicos. A mí me resulta normal llevar a cabo la limpieza del templo. De hecho, considero que es tan importante que, si estuviera en contra de los preceptos, podría prescindir de ellos, aunque quizá sea algo exagerado decir esto.

Creo que el propósito más importante de la limpieza es poner cada cosa en su lugar. Tu entorno es una expresión física de tu estado mental. Si tu mente está ordenada, tu entorno también lo estará. Para armonizar cuerpo y mente, debemos asear y preparar nuestro entorno. Limpiar no se reduce solo a eliminar la suciedad.

Podría decirse que el zen es espiritualista cuando se plantea de esta forma, pero, en esencia, lo que significa esto es que, al limpiar, se pone orden tanto fuera como dentro de nosotros. La premisa es que no limpies por obligación, porque, como no podía ser de otra manera, tendrás que hacerlo de todos modos.

Una de las preguntas que más me hace la gente es si es malo contratar a un profesional o usar un robot de limpieza. No niego que a veces podemos necesitar ayuda; las circunstancias de cada uno son distintas y, si no podemos hacernos cargo de todo, deberemos pedir apoyo. La limpieza no es solo una tarea, sino un acto de autodisciplina. Si la convertimos en una obligación, en vez de mejorar nuestro estado mental y físico, nos estresaremos más. Busca la forma de hacer la tarea más llevadera y pide ayuda si la necesitas.

Recuerda que la limpieza es disciplina. En su juventud, Dogen Zenji* también pensaba de esta manera, y así se refleja en la siguiente historia.

Cuando Dogen Zenji visitó China, un monje que se encargaba de la cocina del monasterio regresaba de haber ido a comprar setas *shiitake*. Zenji, que deseaba conocer el *dharma* de Buda, preguntó al monje por qué se dedicaba a preparar y servir la comida y no dejaba que otros se encargaran de esas tareas para poder hablar con él. El monje le respondió que, al preguntarle eso, le demostraba que no conocía el camino de Buda ni su mensaje.

Al analizarlo desde el sentido común, cocinar y limpiar son tareas cotidianas que realizamos a diario, mientras que la meditación y la lectura de las escrituras budistas resultan más enriquecedoras. Hace un tiempo, yo habría delegado la limpieza en otras personas y habría dedicado más tiempo a las tareas dignas de un monje. Dogen Zenji también pensaba así al principio, pero comprendió que estaba equivocado cuando el monje chino le dijo que no había comprendido a Buda. Más tarde, en varios de sus escritos anotó: «Un monje dedicado a sus tareas fue quien me abrió los ojos».

---

* Eihen Dogen (1200–1253) fue el maestro budista fundador de la escuela Soto. También se lo conoce por los nombres Dogen Zenji, Dogen Kigen y Koso Joyo Daishi.

Un día sin trabajo es un día sin alimento

La famosa cita con la que abro este apartado pertenece a Hyakujo Ekai, autor de las *Normas puras* y maestro del centro de adiestramiento zen. Hyakujo era un maestro que se dedicaba en cuerpo y alma a sus tareas, pero, cuando llegó a una edad avanzada, sus discípulos, preocupados, escondieron sus utensilios para que pudiera descansar. Como consecuencia, el maestro dejó de comer y, cuando los monjes le preguntaron el motivo, él respondió: «Un día sin trabajo es un día sin alimento». Esta cita refleja la importancia que tienen las tareas diarias para los monjes.

De esta historia podemos extraer dos lecciones. La primera es la importancia del trabajo; la segunda, que el maestro se sentía responsable de no haber sabido transmitir a sus discípulos las enseñanzas de forma adecuada, por lo que dejó de comer. El hecho de que los monjes trataran de evitar que su maestro trabajara demostró que no habían comprendido la importancia de las tareas.

Por tanto, «un día sin trabajo es un día sin alimento» tiene una connotación diferente a «el que no trabaje, que no coma». Este aforismo tiene como objetivo motivarte para que trabajes porque, si no lo haces, se te castigará. Por el contrario, la cita del maestro Hyakujo es más subjetiva, una expresión de tu política personal. Todas las enseñanzas y dogmas espirituales parten del pensamiento subjetivo.

Sin embargo, si las analizamos de una forma más amplia, deberemos asegurarnos de que no nos desviamos de su significado original.

Un poco da para mucho

Nunca olvidaré una historia que me contaron sobre la limpieza y el budismo. Existe una planta, el jengibre myoga, que se utiliza para condimentar los fideos somen. Una leyenda dice que, si comes demasiado myoga, puedes olvidar cosas y perder la memoria.

De hecho, el nombre de este jengibre proviene de un discípulo de Buda llamado Śuddhipanthaka. En vida, Buda tuvo dos discípulos que eran hermanos: Mahapanthaka y Śuddhipanthaka. El primero, el hermano mayor, era muy sabio y aprendía de las enseñanzas de Buda, mientras que el menor tenía muy mala memoria, le resultaba mucho más complicado recordar las enseñanzas de Buda y, a veces, no recordaba ni su propio nombre.

Mahapanthaka estaba muy preocupado por su hermano menor e intentó enseñarle las lecciones de Buda, pero, por mucho que Śuddhipanthaka se esforzara, este no recordaba nada de lo que le enseñaba. A mediodía, ya había olvidado todo lo que había aprendido durante la mañana.

Buda le dijo a Śuddhipanthaka que las personas que son conscientes de su propia ignorancia son sabias, pues los ignorantes no son conscientes de que lo son. A continuación, le pidió que barriera mientras cantaba «barre el polvo, limpia la suciedad».

A partir de entonces, Śuddhipanthaka barrió con su escoba sin dejar de repetir esa frase, sin importar el tiempo que hiciera y sin descansar. Un día, se dio cuenta de que el polvo y la suciedad eran el reflejo de aquello por lo que sentía apego y fue capaz de alcanzar la iluminación.

Un tiempo más tarde, Śuddhipanthaka murió y en la parte posterior de su tumba creció una extraña hierba a la que se denominó myoga, que significa «el que camina con su propio nombre a la espalda».

Un poco da para mucho. Lo que Buda quería decir con esto es que el camino del *dharma* no consiste en aprender todo lo que uno pueda. Lo importante es profundizar en lo que se hace. Śuddhipanthaka alcanzó la iluminación porque se dedicó en cuerpo y alma a la limpieza.

Śuddhipanthaka cumplió con lo que Buda le pidió y se dedicó a ello con honestidad y celo. En esa devoción hubo algo que le ayudó a poner en orden la mente; esto podría compararse al *mindfulness* actual. Debemos dedicarnos a lo que hacemos con humildad y plenitud y ser muy observadores.

Si no disfrutas con lo que haces, te agobiarás; lo mismo ocurre cuando ves la tarea de limpiar como una obligación. En cambio, si mejoras la calidad de tu trabajo, tendrás una oportunidad de ser tan creativo como desees.

Esto se aplica también al trabajo o los estudios. Si no quieres hacer algo, no tendrás la energía necesaria para afrontarlo, pero, si te dedicas a la actividad con naturalidad, podrás hacerle frente con vitalidad. Cuando acometemos una tarea de manera espontánea, nos interesamos por ella y encontramos sentido a lo que hacemos. De esta manera, gracias a la limpieza, te convertirás en un *arhat** como Śuddhipanthaka. Por lo tanto, no basta con limpiar, sino que es importante adoptar la actitud del hermano menor.

---

* Santo budista que ha logrado comprender la verdadera naturaleza de la existencia y ha alcanzado la iluminación.

En el zen se dice que debemos «hacernos uno con todo» y, para ello, tenemos que olvidarnos de todo y sumergirnos por completo en el *zazen,* con el fin de alcanzar la iluminación. Ser uno y estar completo; esto significa que no debe haber grietas ni fisuras entre la persona que eres y tus acciones.

No debe haber dobles intenciones ni un motivo oculto, como querer reconocimiento o elogios. Si alcanzas un estado similar a este, le encontrarás el sentido a todo lo que haces.

Lo que hago y lo que soy son lo mismo. Sería maravilloso que llegáramos a un estado similar al de Śuddhipanthaka. ¿Por qué Buda le aconsejó que limpiara en vez de dedicarse a otra cosa? Se dice que Buda adaptaba el contenido y la forma en que lo transmitía a su interlocutor, para que así todos alcanzaran la iluminación. Entonces, ¿por qué se decantó por la limpieza en el caso de Śuddhipanthaka? ¿Qué tiene esta disciplina que las demás no?

Para entenderlo debemos comprender el contexto social de la India, basado en el sistema de castas y donde los monjes consideraban que la limpieza era un «trabajo sucio». No fueron pocos los reputados discípulos de Buda que contaban con una elevada posición dentro de la jerarquía social antes de ser ordenados o que habían nacido y crecido en la casta de los brahmanes.*

Con esto, Buda puso de manifiesto de manera contundente que era posible alcanzar la iluminación a través de tareas que todo el mundo despreciaba.

La física de la limpieza

El maestro Issho ha sido uno de los monjes contemporáneos que ha prestado más atención al factor físico de las prácticas budistas, que va más allá del *zazen,* y lo ha hecho al ponerlo él mismo en práctica. ¿Qué opina sobre la física de la limpieza?

La limpieza implica muchos movimientos diferentes. Cuando alguien limpia solo con las manos, les digo que pongan más empeño y usen todo el cuerpo, pues, si no lo hacen, la práctica es insuficiente. Al limpiar mal, solo moverás el polvo de un lado al otro, por lo que te llevará más tiempo acabar. No se trata de ser eficiente, sino de no ensuciar y limpiar de más.

* El sistema de castas de la India lo conforman cuatro grupos: los brahmanes, que son los más importantes y al que pertenecían los sacerdotes y los asesores del rey; los *kshatriyas* (guerreros y gobernantes), *vaishyas* (granjeros y comerciantes) y *sudras* (obreros). Además, también existe la casta de los *dalits* (parias).

Si tus herramientas no son las adecuadas y no implicas todo el cuerpo, te cansarás antes. Por tanto, debemos aprender a utilizar nuestro cuerpo teniendo en cuenta las herramientas que usamos, sobre todo, la escoba. Cuando barro sobre el tatami, utilizo una escoba con cerdas flexibles y, para limpiar las hojas del exterior, una de bambú, que requiere un mayor esfuerzo. Debemos usar todo el cuerpo y no solo las manos. Al entender la relación que hay entre la superficie que barremos, la escoba empleada y nuestro cuerpo y mente, seremos capaces de movernos de forma adecuada.

A primera vista, puede parecer algo que cualquiera podría hacer, pero es más difícil que eso, sobre todo para quienes no son japoneses. Mucha gente seguramente ha fregado el suelo con una fregona alguna vez, pero no habrá experimentado lo que es limpiar el suelo arrodillado y con un trapo húmedo.

Imparto clases de Educación Física en la universidad y, cuando pido a los alumnos que limpien, algunos se dedican a ello sin moverse. Si ejercemos mucha presión sobre el trapo, no se deslizará por la superficie.

En los tiempos que corren, puede ser una buena forma de hacer ejercicio para compensar un poco la «cultura de las sillas».* En el zen, dedicamos mucho tiempo a permanecer sentados, así que, al movernos mientras limpiamos, realizamos la actividad física que nuestro cuerpo necesita para funcionar con normalidad. En los últimos años, se ha extendido la idea de que solo podemos hacer deporte si vamos al gimnasio.

Hay personas que pagan a otras para que se hagan cargo de la limpieza de su hogar y, luego, gastan más dinero y tiempo en ir al gimnasio. Sin embargo, si pensaran en la limpieza como una rutina de entrenamiento, valorarían mucho más la tarea.

Invertimos tiempo y dinero en ir al gimnasio. Vivimos en una sociedad basada en la eficiencia, pero es difícil reconocer qué es verdaderamente eficaz. Una vez leí en un libro estadounidense que, si puedes entrenar mientras realizas tus tareas, no necesitarás hacer nada más. Pero la mentalidad japonesa difiere de esto.

Pongamos, por ejemplo, que colocamos una pesa en el extremo de un cortacésped. Esto nos

* Aquí, el autor pone de manifiesto los cambios que ha sufrido el país desde el pasado siglo con la incorporación de costumbres y hábitos diferentes a los tradicionales japoneses, entre ellos el uso de sillas, que antes no estaba tan extendido por el país como en la actualidad. También hace referencia a los hábitos sedentarios, lo que en Occidente calificaríamos como *sofing*.

serviría para entrenar los músculos. Sin embargo, lo que nosotros deseamos es perfeccionar el uso de todo el cuerpo en términos cualitativos.

El otro día vi un programa de televisión sobre el cuerpo humano en el que hablaban sobre la espalda. Aparecían personas que tocaban el *taiko* (el tambor tradicional japonés), mensajeros, el director de una escuela de kyudo (tiro con arco tradicional japonés), modelos y bailarines. Todos ellos tenían una espalda esbelta, pero ninguno añadía ejercicios localizados a su rutina diaria por temor a desarrollar demasiado la musculatura de la zona. Ejercitar los músculos forma parte de nuestra rutina diaria, por lo que no necesitamos realizar ambas cosas por separado; de hecho, al hacerlo, disminuye nuestro rendimiento. Aun así, insistimos en pagar por ir al gimnasio porque pensamos que debemos hacer «algo más» para ser como queremos ser.

La democracia de la limpieza

La limpieza es una de las actividades más democráticas del templo. Durante el *zazen,* por ejemplo, se necesita la guía del sumo sacerdote, con lo que se establece una clara jerarquía entre el maestro y los alumnos. En la limpieza, en cambio, todos somos iguales. Sí, nosotros vestimos con el *samue* y usamos nuestras propias herramientas, pero cada uno lo practica por su cuenta. Los monjes no necesitan enseñar nada y tampoco van a evaluar el rendimiento ni los conocimientos de los participantes.

A veces organizo sesiones de limpieza en el *dojo,* pero no les digo a los participantes lo que deben hacer; solo les doy indicaciones en función de lo que se necesita hacer. Es una forma natural de comunicación, una interacción espontánea a través del trabajo. Luego, nos tomamos un descanso y charlamos sin buscar nada a cambio.

Una vez hemos terminado de limpiar, tomamos una taza de té y les agradezco su duro trabajo. Es un lugar en el que todos somos iguales y nos respetamos mutuamente.

La limpieza es un juego

La comunicación que establecemos mientras limpiamos es muy interesante. Nuestra forma de trabajar no es caótica, porque nuestro objetivo común es limpiar, pero no establecemos ni buscamos seguir ningún plan antes de empezar. Al igual que en un baile, nuestro propósito es disfrutar sin perder de vista nuestra meta: la propia limpieza. Incluso las personas que necesitan una motivación para hacer algo o que son más tímidas se unen a la actividad con facilidad.

Cuando limpiamos, hablamos de lo que nos ocurre en el presente sin complicaciones. La limpieza es como un juego en el que no se gana ni se pierde, donde no existe la competición.

Los juegos pueden dividirse en dos tipos: finitos e infinitos. Los primeros disponen de reglas para que no haya duda de quién gana o pierde y terminan cuando hay un vencedor. Esta en la base de los juegos deportivos que conocemos.

Por el contrario, los juegos infinitos priorizan la continuidad y no el final. Las reglas se modifican para impedir que el juego acabe, pues el objetivo es disfrutar de él durante la mayor cantidad de tiempo. Un ejemplo de este tipo de juegos sería el *kemari*.* Sin embargo, esto no quiere decir que no nos lo tomemos en serio, sino que vamos a disfrutarlo de verdad. La limpieza se parece a estos juegos.

* Juego de pelota que se practica en Japón desde el siglo VI d. C. Se considera uno de los antecesores del fútbol moderno.

Al inicio del *Shobogenzo,** Dogen Zenji escribió: «Estudiar la vía de Buda es estudiarse a uno mismo. Estudiarse a uno mismo y aprender es olvidarse de uno mismo. Olvidarse a uno mismo es percibirse como todas las cosas. Comprender esto significa abandonar el cuerpo y la mente propios y de los demás». La escuela Soto no concibe la iluminación como el resultado de la práctica, sino que el *zazen* es la esencia misma de la iluminación. En otras palabras, el objetivo de la iluminación no se encuentra al final de la práctica del *zazen,* sino que la meditación y la iluminación son inseparables.

Hay otra expresión que dice que «el camino no tiene fin». Esto significa que, si te rindes, nunca completarás el camino. Por otro lado, existe la expresión *hachikujo,* que se traduciría como «alcanza el ochenta o noventa por ciento». El fin del camino, o *jujo,*† hace referencia a la iluminación. *Jusei wo imu* es una expresión que se emplea para indicar que no siempre hay que tratar de alcanzar el objetivo al cien por cien, lo que significa que es imposible obtener las respuestas correctas para todo, por lo que siempre nos quedamos en un «ochenta o noventa por ciento».

---

* Obra de Dogen Zenji escrita entre 1231 y 1253 que consiste en una colección de ensayos sobre budismo. Es una de las obras culmen de la literatura budista mahayana.
† Dogen Zenji usó esas expresiones para expresar que podemos compartir la parte de la verdad que descubrimos y que la que no conocemos puede llevarnos a pensar que, por mucho que persigamos la perfección, nunca será suficiente.

Por tanto, nuestro objetivo será alcanzar ese ochenta o noventa. La meta no es la perfección. Por supuesto, si está dentro de tus posibilidades, es genial que intentes alcanzarla. Sin embargo, no debemos limpiar siempre en la misma dirección ni siguiendo las normas al pie de la letra. Ese es el espíritu del *hachikujo*. La limpieza nos permite comprenderlo mejor. Por ejemplo, barrer las hojas caídas en otoño es un frustrante recordatorio de que no hay forma de recogerlas todas, pues, en cuanto terminamos, estas habrán caído de nuevo.

Soy una persona ordenada y pulcra, así que barro hasta que no queda ni una sola hoja, pero la alegría de haber alcanzado ese cien por cien se desvanece en cuanto veo una en el suelo de nuevo. Entonces, me frustro un poco, pero no me pongo nervioso. Podemos intentar ser perfectos, pero no podemos dejarnos llevar por el perfeccionismo.

Hacemos lo que podemos, pero no tenemos por qué ser los mejores en todo. Este es un equilibrio interesante y similar al camino medio del budismo.

Buda dijo que uno no se convierte en brahmán al nacer, sino que lo hace gracias a sus actos. Esto significa que lo importante no es lo que haces, sino cómo lo haces. No importa cuán religioso seas, si tus acciones solo son para presumir serán una expresión de tu ego, no de tu santidad. Lo que importa es la calidad y tu actitud a la hora de hacer algo.

Capítulo 4

EL BUDISMO Y LA VÍA DE LA LIMPIEZA

Preceptos: los buenos hábitos

Levantarse por la mañana, leer los sutras, desayunar y limpiar. Esa es la rutina diaria en el templo, y es lo que me lleva a pensar en la importancia de estos hábitos.

En el budismo existen unos preceptos, es decir, unas normas, que todos debemos acatar. Los más conocidos y de los que seguramente habrás oído hablar alguna vez son los conocidos como Cinco Preceptos:

1. Respetar la vida: no matar intencionadamente a otros seres vivos.
2. No tomar lo que no nos ha sido dado: no robar a los demás.
3. Tener una conducta sexual correcta: no cometer adulterio.
4. No dar falsos testimonios: no mentir.
5. No ingerir sustancias tóxicas: no ingerir alcohol ni otras sustancias capaces de alterar la lucidez mental.

Estos son algunos de los preceptos que seguimos. Durante siglos, los monjes han vivido en comunidades y se han regido por ellos durante su formación. No obstante, es muy complicado no saltarse alguno. Dos veces al mes, el día de luna nueva y el de luna llena, se celebran unas reuniones llamadas *uposatha* en las que se repasamos los preceptos y se nos recuerda que no debemos incumplirlos. Es algo así como una sesión de introspección y revisión para los monjes.

Quizá pienses que los preceptos son reglas estrictas que debemos acatar si no queremos sufrir un castigo, pero son más bien una serie de buenos hábitos. Hay quienes dicen que son los preceptos los que nos obser-

van, y no al revés. De hecho, al entenderlos como buenos hábitos, sentimos que nos protegen.

El ser humano es un animal de costumbres. Nuestra forma de comportarnos, de hablar y de pensar son hábitos que adquirimos desde una edad temprana. Al desarrollar buenos hábitos, nuestro cuerpo y nuestra mente estarán en armonía, y nuestra vida también.

El ejemplo perfecto de un buen hábito es la limpieza. Para convertir una tarea en un hábito, es imprescindible acompañarla de una recompensa. No tiene por qué ser dinero o un premio; puede ser una recompensa espiritual, como sentirse satisfecho o de buen humor.

Limpiar un lugar sagrado, como un templo, es un buen hábito, ya que conlleva grandes recompensas, como la sensación de conectar con Buda, con nuestros semejantes y con nosotros mismos. Estos buenos hábitos, los preceptos, son la base de la estabilidad mental y nos protegen de nosotros mismos.

Adquirir buenos hábitos es el principio del camino budista

Las enseñanzas de Buda se basan en tres principios:

- Los preceptos: rigen nuestra vida y nos ayudan a adquirir buenos hábitos.

- *Samadhi:* mantener la calma a través del control de la mente.
- La sabiduría: hace referencia a la iluminación, a vernos a nosotros mismos y al mundo tal y como somos.

Esto quiere decir que, si mantenemos unos hábitos adecuados de obra, palabra y vida, y nos esforzamos por estar en el momento presente y mantener la concentración, viviremos y pensaremos sabiamente.

Con esto en mente, ¿qué se considera un buen hábito? El principio básico del budismo es acabar con el sufrimiento propio y el de los demás. Por tanto, el objetivo principal es que seamos más felices y suframos menos. Y los buenos hábitos nos ayudan a conseguirlo.

Adoptar unos buenos hábitos significa desarrollar la autonomía suficiente para pensar por nosotros mismos, para elegir el camino que queremos seguir sin importar la situación y para contar con amigos con los que recorrer juntos la senda.

Shinran Shonin* era un hombre consciente de su propia ignorancia y se consideraba una persona corriente incapaz de acatar ni tan siquiera uno de los preceptos.

Si no era capaz de seguir los preceptos, no imaginaba de qué sería capaz, y esto le hacía fracasar sin cesar a pe-

---

* *Shonin* es un título equivalente a «el santo», que acompaña el nombre de personas consideradas sabias y virtuosas para el confucianismo y el budismo.

sar de lo mucho que se esforzaba y sentirse culpable por no poder ponerle remedio; era un circulo vicioso.

Si los preceptos, el *samadhi* y la sabiduría eran los principios del budismo, al verse incapaz de regirse por ellos, se convenció de que en su interior no había rastro alguno de budeidad.

El maestro de Shinran Shonin, Honen Shonin, le enseñó que las personas como él eran aquellas a las que Buda enseñaba el camino hacia la iluminación. Por eso el *nembutsu* estaba tan arraigado entre la gente: seguir los preceptos no era un requisito esencial para lograr la salvación.

No obstante, Shinran Shonin no quería conformarse con vivir la vida sin poder seguir los preceptos. Para él habría sido como caer en la tentación de probar el veneno solo porque sabemos que hay un antídoto.

En la escuela de la Tierra Pura, consideramos que el hábito más importante es abrirte a escuchar y aprender sobre el *dharma*. Pero no basta con interesarse un poco, sentir que somos mejores personas y abandonarlo; hay que perseverar. Rennyo Shonin puso el siguiente ejemplo: «Es como tratar de coger agua con un canasto agujereado. ¿Cómo lo llenaríamos? Pues sumergiendo la cesta en el agua». Solo así, rebosará de agua. Con esta historia se invita a no dejar de escuchar ni de aprender sobre el *dharma*.

Quizá te muestres un poco escéptico al leer esto, pero, si te acostumbras a escuchar, llegará un momento en el que, sin darte cuenta, te sentirás preparado y ese hábito se reflejará en tu carácter. Pero esta es otra historia.

El budismo es un hábito

Desde una perspectiva más amplia, podríamos decir que el propio budismo es un hábito.

¿Cuándo tomamos consciencia del budismo? Probablemente, en los funerales y servicios conmemorativos. En el primer caso, se celebra un velatorio, una ceremonia de despedida y un servicio conmemorativo durante cuarenta y nueve días. Además, es tradición celebrar el primer, tercer, séptimo y decimotercer aniversarios de la muerte del fallecido. Son solo costumbres, pero ¿por qué la muerte forma parte de las costumbres budistas?

Creemos que así reconectamos con la persona fallecida. Por ejemplo, cuando en un matrimonio muere uno de los cónyuges, el otro no puede compartir con la otra persona todo aquello que siempre quiso decirle y tampoco puede refugiarse en ella. Los funerales y los servicios conmemorativos se establecieron para recuperar aquella parte de nosotros mismos que se pierde con la muerte de un ser querido y para restablecer nuestra conexión con el difunto. El budismo trata de aliviar el sufrimiento y de hacer tanto de la vida como de la muerte un hábito.

Pregunta a los maestros del *soji* (4)

AUTOSALVACIÓN Y SALVACIÓN POR LA FE

Sumo sacerdote Masaaki Kajita
(Honen-in)

Honen-in es un templo no adscrito a ninguna escuela budista en particular que se encuentra en la zona de Higashiyama, en Kioto. En esta región, es habitual barrer la parte delantera de la casa de cada uno y también de las cercanas. Incluso en la actualidad, a pesar de haberse construido tantos edificios de oficinas en la ciudad, pervive la costumbre de que los empleados barran la zona de la puerta de las empresas. La limpieza también es una cuestión de comunicación.

Limpia primero
Sé diligente después
Quita las hojas caídas.

Este haiku es de Nobuyuki Kajita, anterior sumo sacerdote de Honen-in, y está escrito en un panel en la entrada principal del templo. Tuve el placer de entrevistar a Masaaki Kajita, nieto de Nobuyuki y actual sumo sacerdote.

Cambiar o seguir igual

Mi abuelo llegó al templo como novicio en un momento que había muchos monjes ascetas. En aquella época, le inculcaron la enseñanza de limpiar antes de ponerse a trabajar. Él quiso transmitir el mensaje a las futuras generaciones, por lo que colocó el grabado en la puerta del templo.

Entre 1903 y 1934 se estableció dentro del recinto una escuela especializada, la Bukkyo Senmon Gakko, predecesora de la Universidad Bukkyo, y, aunque los estudiantes no tenían una relación directa con Honen-in, venían a ayudar siempre que se celebraba un gran servicio conmemorativo. Así fue como logró enseñar a los jóvenes a limpiar antes de realizar las demás tareas del día.

Cuando todavía era joven, algunos asistentes vivían con nosotros en el templo. Teníamos que turnarnos para preparar las comidas, y siempre había gente entrando y saliendo, por lo que concentrarnos no era nada sencillo. Sin embargo, a través de la limpieza, comprendí que la mente de las personas cambia constantemente dependiendo de las circunstancias que las rodean.

El templo de Honen-in se inauguró en el periodo Edo como centro de entrenamiento para los monjes de la escuela de la Tierra Pura. Se construyó para que los principiantes aprendieran a regirse por los preceptos, por lo que, al ser un centro más formativo en comparación con los demás templos, la limpieza siempre ha tenido un papel destacado.

A pesar de que los monjes deben limpiar a diario, la forma de hacerlo puede variar según el tiempo que haga ese día o la estación del año en la que se encuentren. En primavera, cuando limpiamos los pasillos, el polen se pega a los trapos y, en otoño, las hojas caídas se esparcen por los terrenos del templo. Todo esto nos hace apreciar los cambios que se producen en la naturaleza. Mientras limpio los pasillos del templo, me pregunto cuántas personas habrán realizado la misma tarea y cuántas otras habrán caminado por ellos.

Cuando limpio, no me puedo concentrar del todo, pues empiezo a pensar al escuchar el sonido de los pájaros de fondo. En ese momento, me detengo e intento relajarme y dejar la mente en blanco. Desde el punto de vista del zen, la limpieza es una práctica con la que mejorarse a uno mismo, pero, desde la perspectiva de la escuela de la Tierra Pura, la limpieza es un recordatorio de que hay momentos en los que podemos concentrarnos y otros en los que no.

Es interesante observar que, desde la perspectiva del zen, la limpieza hace hincapié en la idea de pulir la mente, mientras que la escuela de la Tierra Pura enfatiza que la mente no dejará de ensuciarse por mucho que la limpiemos. Esto es interesante, pues ninguna de las dos teorías es correcta o incorrecta, sino que expresan la misma idea desde diferentes puntos de vista.

Hay quienes acuden al templo para alejarse de la rutina y cuestionar su propia forma de ser, por lo que es importante mantener el recinto en orden y armonía para futuros visitantes.

Todo está en constante cambio, nada permanece inmutable, pero deseamos tener un lugar en el que la gente sienta que nada ha cambiado. Sería una gran alegría para mí que alguien visitara el templo en unos años y me dijera que hay ciertas partes que permanecen iguales.

Un templo es un lugar donde la gente puede participar de las tradiciones, por ejemplo, las celebraciones estacionales como el *setsubun** o el luto durante los servicios conmemorativos budistas y las visitas a las tumbas. Morimos porque nacemos. El templo es un lugar en el que recordar que somos uno más. Aspiramos a que sea un lugar en el que las personas puedan recuperar lo que es importante para ellas cuando se sienten perdidas o solas. La limpieza es buena para todos, y los monjes te darán buenos consejos que aplicar a la vida para darle sentido.

No se trata de alegrarnos de que nuestro jardín sea bonito, sino de sentir, apreciar y dudar.

La limpieza como salvación

Honen-in es un gran recinto templario, rodeado del rico y abundante entorno natural del monte Daimonji. El exterior está bellamente ajardinado y cuenta con una amplia variedad de árboles y arbustos, por lo que, en

---

* Celebración japonesa que tiene lugar el día antes del comienzo de cada estación, aunque el más conocidos es el *risshun* de primavera, celebrado el 3 de febrero.

otoño, sobre todo, se acumulan muchas hojas caídas. Se pueden llegar a barrer enormes cantidades de ellas, lo que lo convierte en un templo muy gratificante de limpiar.

En cada templo se percibe la limpieza de una forma distinta, pero, cuando visito Honen-in, siento que no se trata de alcanzar la perfección, sino de dejar que la naturaleza siga su curso. Resulta sorprendente cómo cada escuela y credo conciben maneras diversas de abordar la limpieza.

Al llevar al extremo el pensamiento zen, te centrarás en exceso en la práctica que debes realizar; sin embargo, si te ciñes al budismo de la Tierra Pura, priorizarás tus creencias.

Estas posiciones son opuestas y pueden resumirse en los términos *«jiriki»* (fuerza del sí) y *«tariki»* (fuerza del otro, es decir, del Buda Amida), que son la puerta de acceso por la que nos aproximaremos a la senda de Buda. En este sentido, la limpieza puede ser una forma de autosalvación o una forma de liberación o iluminación a través de la fe.

Honen Shonin y Shinran Shonin profundizaron en la ardua práctica de la autosalvación *(jiriki)* en el monte Hiei antes de adoptar la vía del *tariki,* la salvación por la fe. Tanto la una como la otra son dos vías por las que adentrarse en el budismo. Si aprecias los dogmas de la salvación a través de la fe y el camino del *nembutsu,* ponlos en práctica mientras limpias.

La limpieza es una práctica muy profunda, ya sea a través de la visión de *jiriki* como del *tariki.* Dicha profundidad puede observarse en las diferentes maneras en las que las escuelas han incluido y adaptado la limpieza.

Capítulo 5

LA LIMPIEZA: LA CONEXIÓN
ENTRE EL TEMPLO Y LA GENTE

La interrelación del «yo»

El Avatamsaka sutra, o sutra de la Guirnalda, considerada por algunos la más sublime revelación de las enseñanzas de Buda, habla sobre la red de Indra, una metáfora que cuenta que vivimos en una especie de telaraña que conecta todo el mundo.

En el budismo, la idea del karma es una de las más relevantes. A pesar de que nos referimos a este con expresiones como «eso da buen karma» o «eso te traerá mal karma», el significado original del término sintetizaba la idea budista de que todo ser viviente está conectado con los demás.

De acuerdo con esto, todo está interrelacionado y, si algo cambia en uno, afecta al resto, pues existe una interdependencia relacional. Todo sucede a través de estas relaciones, exactamente como en la red del dios Indra. Cada uno de nosotros somos un hilo en esa red, que conformamos en conjunto. Y en las intersecciones de los hilos están los ojos de Indra, que no existen de forma independiente.

El sutra narra que cada uno de sus ojos está adornado con una perla, por lo que cada uno de nosotros somos una joya. Pero estas perlas no brillan por sí solas, sino que lo hacen al reflejar el brillo de todas las demás.

Ahora, imagina que estás en un mundo repleto de perlas relucientes que brillan en la más absoluta oscuridad. Esto es una metáfora del mundo del karma. Si basamos nuestra existencia en brillar con el reflejo del resplandor de los demás, ya no existirá un «yo» como tal, pues estaremos «vacíos» como individuos independientes.

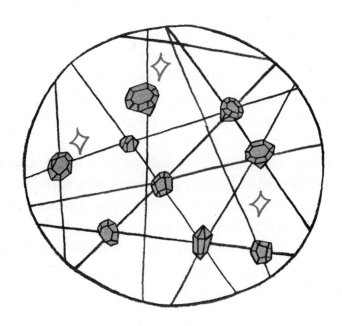

Cuando comprendemos esto por completo, alcanzamos la iluminación.

En Occidente, la idea de «vacío» está vinculada al miedo. El término se interpreta como sinónimo de «la nada» y nos aterra pensar en ello. No podemos ni queremos aceptarlo porque nuestra existencia se basa en el hecho de «estar».

Si te cuesta comprender que nuestra existencia está condicionada por las relaciones, míralo de esta manera.

En el capítulo anterior, mencioné que el principio básico del budismo es eliminar el sufrimiento y hacer feliz a los demás, es decir, que, por una parte, nos vaciamos de sufrimiento mientras que colmamos de felicidad a otras personas, lo que demuestra que no podemos desvincularnos de los demás.

Crecemos con el pensamiento de que debemos cuidar de nosotros mismos primero y, luego, ayudar a los demás cuando podamos; a fin de cuentas, no podremos ayudar a los demás si no nos ocupamos de nosotros antes. Sin embargo, cuando hablamos de alcanzar la iluminación, el sufrimiento y la alegría propios no están separados de los demás; el hecho de ayudar a los demás se ve reflejado de inmediato en nosotros mismos.

Las ofrendas como remedio al miedo

Las ofrendas pueden dividirse en tres categorías: las ofrendas de *dharma,* las limosnas y la erradicación del miedo.

Por lo general, se considera que los monjes son los encargados de ofrecer el *dharma* de Buda y los laicos muestran su apoyo a través de los donativos. La erradicación del miedo es un añadido al que no se le suele prestar mucha atención, pero creo que en los tiempos que vivimos tiene mucha importancia.

¡Hasta más ver!

En la actualidad, basta con haber fracasado una vez para que la gente te rechace y te haga sentir que es inútil volver a intentarlo. La incertidumbre por el futuro preocupa tanto a mayores como a jóvenes, que se sienten atrapados en un limbo. La brecha entre ricos y pobres se incrementa y la sociedad está cada vez más fragmentada.

En tiempos como estos es importante que nos apoyemos los unos a los otros y nos demos la fuerza necesaria para sentirnos a gusto con nosotros mismos y para seguir avanzando con valor y sin miedo. La erradicación del miedo no consiste en otra cosa que en limpiarlo.

Limpiar la soledad

La limpieza de un lugar público como un templo tiene un significado que va más allá de observarse a uno mismo: también significa hacer tuyo ese lugar.

Si la concibes como una disciplina y no como un trabajo, no recibirás una retribución monetaria en función de las horas que dediques a la limpieza. El acto de limpiar tiene valor en sí mismo porque nos permite estar en ese lugar como nosotros mismos, tal y como somos. Nadie juzga un lugar sagrado, como un templo, por su nivel de pulcritud, pero, personalmente, la limpieza te aporta una sensación de seguridad y te conecta con Buda.

Aunque limpies la misma zona que otra persona, no tienes por qué conversar con ella; puedes poner la distancia que quieras. No es necesario formar un grupo de trabajo con el que tengas que comunicarte. Cada cual encuentra el lugar en el que encajar.

Creo que esta forma de plantear la limpieza puede tener un efecto positivo a la hora de lidiar con la soledad y el aislamiento en las sociedades contemporáneas.

En la actualidad, hay más de setecientas mil personas que ni estudian ni trabajan (ninis) o que viven aisladas de la sociedad en Japón (conocidos como *hikikomori)*. Una de las principales razones de este fenómeno es que no tienen otro lugar al que ir. Perdieron su puesto de trabajo a causa del acoso, la mala comunicación, el ostracismo o por haber sido considerados unos incompetentes.

La limpieza puede aportarles un lugar al que pertenecer, pues lo importante no es el rendimiento, sino estar presente. Tampoco es necesario hablar con los demás porque el hecho de limpiar con otras personas, aunque sea en silencio, ya te une a ellos.

Una vez reunimos a un grupo de estas personas para que participaran en la limpieza matutina y, cuando les preguntamos qué les había parecido, su valoración fue muy positiva. El templo es un lugar de encuentro, separado de nuestra vida cotidiana, y la limpieza es una de las pocas actividades en las que no nos sentimos presionados para obtener unos resultados determinados, algo que se valora mucho en la actualidad, donde la eficacia en el trabajo lo es todo. Por eso, todos se sintieron cómodos aquella mañana en el templo. Fue una valiosa experiencia que demostró el potencial de la limpieza para crear un lugar mejor en el que vivir y al que pertenecer.

Alcanzar la iluminación no le resta sentido a la vida

A algunas personas les preocupa que dedicarse a limpiar y poner en orden la mente las cambie y haga que pierdan la motivación y la ambición, pero eso solo son temores infundados.

Sidarta se ordenó a la edad de veintinueve años y alcanzó la iluminación a los treinta y cinco. Para entonces, había barrido todas las hojas caídas de las aflicciones —o *kleshas*— y ya no tenía más que barrer porque había talado el árbol.

Llegado a ese punto, Buda tenía dos opciones: morir porque la vida carecía de sentido o vivir el resto de su vida en soledad y disfrutar de su logro. En aquel momento, Brahma se le apareció a Buda y le dijo que, si no compartía con el mundo el camino a la iluminación, nadie más la alcanzaría.

En respuesta a su petición, Buda predicó durante el resto de su vida, hasta que falleció a los ochenta años.

Una vez te has liberado del sufrimiento, podrás ayudar a que los demás se deshagan del suyo. Cada uno habría actuado de una forma distinta en ese caso, pero, si seguimos los pasos de Buda desde ese momento, comprobaremos que nunca perdió la motivación ni la ambición.

De hecho, precisamente porque no tenía nada que perder, fue capaz de dedicar su vida a un proyecto que era sumamente complejo. Pero no te inquietes. El polvo no desaparecerá nunca de la mente. Mientras vivamos, no dejará de acumularse. Si desapareciera, no tendríamos motivación para limpiar. Debemos agradecer que no deje de aparecer y que nos permita dedicarle un tiempo a diario.

EPÍLOGO

Siempre espero con ansias las *Mañanas en el templo*.

Esos días me levanto antes de las seis. Quizá creas que es algo tarde para ser un monje, pero no soy muy madrugador; la verdad es que preferiría quedarme en la cama. Sin embargo, pensar que ese día toca sesión de limpieza me da la energía necesaria para levantarme.

Me lavo la cara para despejarme y me dirijo al templo a desayunar. Como arroz integral, sopa de miso, *natto* (semillas de soja cocidas y fermentadas) y tofu. Luego, enciendo las luces del salón principal, pongo carboncillos en los incensarios para encenderlos, prendo las velas y espero a que lleguen todos.

A las siete y media, nos damos la bienvenida y comenzamos con la lectura de los sutras.

Durante esta primera parte, tratamos de dejar la mente en blanco. Hablar en alto a esas horas de la mañana es una sensación agradable, además de que es bueno para la respiración. Después, nos repartimos por el recinto y empezamos a limpiar. Durante la sesión, intentamos no pensar en nada más. Solo barremos y limpiamos. Es reconfortante apreciar el cambio de las estaciones cuando barremos al aire libre.

Por último, doy un sermón que he preparado para ese día antes de charlar sobre cómo nos va todo. En cada sesión descubro algo interesante.

A las ocho y media damos por finalizada la sesión. Nos despedimos y nos ponemos en marcha para empezar el día. Algunos se dirigen a su lugar de trabajo, mientras que otros se quedan en el vestíbulo principal para disfrutar un poco más del momento.

Los días que se celebran las *Mañanas en el templo* siempre me siento más en sintonía con mi cuerpo y mente. Cada sesión se desarrolla de la misma manera, pero no hay dos iguales, por mucho que lo intentemos. Ese es el motivo por el que podemos percibir los sutiles cambios en el cuerpo y la mente.

Es un gran consuelo que saber que, tras la sesión, tendré quince días para recuperarme. Las *Mañanas en el templo* se han convertido en una parte imprescindible de mi vida.

Me avergüenza admitir que, por mucho que ahora valore la importancia de la limpieza y de crear hábitos, antes no lo hacía. Desde siempre he sido una persona organizada, pero no porque fuera un aficionado a la limpieza. Tampoco se me daban muy bien las formalidades, como los saludos, los modales y la etiqueta, y pensaba que los hábitos rutinarios poco tenían que ver con las enseñanzas budistas. En pocas palabras, era un monje un poco ignorante.

Lo bueno del budismo es que no cierra la puerta a personas como yo. Al principio, esta corriente me atraía más como una filosofía que como una religión. Me dio una respuesta clara y lógica a las preguntas que me rondaban la mente: de dónde venimos, adónde vamos, por qué sufrimos, cómo podemos librarnos del sufrimiento...

Al reflexionar sobre esas cuestiones, despejé todas las dudas y sentí que había descubierto mi razón de ser y el sentido de la vida. No importa cómo vivas o cómo seas siempre que entiendas y asimiles las enseñanzas budistas.

También pensaba que las rutinas formaban parte del código moral, no del código budista. Pero había algo que no tenía sentido. Si se supone que el budismo es una vía para eliminar el sufrimiento y disfrutar de la vida, entonces ¿por qué el dolor no cesa y no alcanzamos la felicidad? Al comprender que creía que entendía las enseñanzas cuando, en realidad, no comprendía nada, fui consciente de que los hábitos que había adquirido hasta ese momento eran sobre los que me apoyaba.

Me había acostumbrado a recitar los sutras, a barrer cada rincón del templo, a hablar con la gente... Mis hábitos son los que me hacen quien soy. Son mi esencia y la de la senda de Buda. Entonces, entendí por qué «precepto» era un sinónimo de «hábito» y «carácter». Desde aquel momento, me encaminé por el camino del medio y logré hacer más llevadero el sufrimiento.

Tras haber examinado su propia maldad, Shinran Shonin llegó a la conclusión de que debemos comportarnos de la forma que consideremos oportuna. Y es que los seres humanos somos capaces de lograr cualquier cosa si se nos da la oportunidad.

Nuestros buenos hábitos son los que nos hacen seguir adelante. Por más que barras, el polvo no desaparecerá, lo que hace de la limpieza una tarea sin fin. Por ello, no dejaré de acudir a las *Mañanas en el templo* junto a mis compañeros, para seguir creando buenos hábitos.

Concluiré este epílogo con una cita de Buda:

«El nacimiento no te convierte en una persona humilde. No se llega a brahmán por nacimiento. Son los hechos los que te convierten en una persona humilde, y también los que te convierten en brahmán».

EPÍLOGO

Por último, me gustaría expresar mi más profunda gratitud al sumo sacerdote del templo Komyoji, Kazutaka Ishigami, y a su familia, por su apoyo constante a las *Mañanas en el templo.*

También me gustaría expresar mi más sincera gratitud a Somon Horisawa, Masaaki Kajita, Kazuteru Fujita, Nanrei Yokota, a todos los maestros que aceptaron ser entrevistados para la creación de este libro, a Haruko Koide por su apoyo, a mis compañeros de las *Mañanas en el templo,* a mis colegas de Future Jyushoku Juku y a Yumiko Hiba y Motoshi Watanabe, de Discover 21, por su paciencia a la hora de lidiar con mi lento proceso de escritura.

Atentamente,
Shoukei Matsumoto

ANOTACIONES

_____

_____

_____

_____

_____

_____

_____

_____

_____

_____

Esperamos que haya disfrutado
de *Soji,* de Shoukei Matsumoto,
y le invitamos a visitarnos
en www.kitsunebooks.org,
donde encontrará más información
sobre nuestras publicaciones.

Recuerde que también puede seguir
a Kitsune Books en redes sociales
o suscribirse a nuestra newsletter.